Lieber Roland!

Toll, dass du dir für
unser Treffen Zeit genommen hast.
Du bist eine wahre Bereicherung.
Viel Freude mit den
Hirngespinsten!

Willi + Heidi

16.07.2023 Thun

Wilhelm Maria Lipp

Hirngespinste

Kurzgeschichten
voll Satire, Fiktion
und Fantasie

ISBN 978-3-902928-24-5

9 783902 928245 >

Vorwort

Wilhelm Maria Lipp, Reimer, Dichter, Schreiberling, Autor.

Sein kreatives Schreiben begann er mit dem Verfassen von Versen und Gedichten. Rhythmus, ungezwungene Reime und Sprachmelodie waren und sind dabei wichtig für ihn.

Er schreibt mit seinen Schülern, mit Freunden, mit all jenen, die auch wie er Freude daran haben. So lernte ich ihn kennen. Er forderte und förderte mein Schreibtalent. Wir inspirierten uns gegenseitig.

In diesem Buch gibt es jetzt eine ganz andere Seite von meinem Mann.

Hirngespinste

Jeder von uns versteht etwas anderes darunter.

Bei Willi sind es Neugierde und Wissensdurst, die auch unsere Phantasie anregen. Lassen Sie sich in diesem Buch in seine Gedanken, in seine Freude am Sinnieren, in seine Art, alles zu hinterfragen, einbeziehen. Egal, ob es um den teuersten Kaffee der Welt geht oder doch nur um die Knoten im Gras. Ob es Szenen eines Krankenhausaufenthaltes sind oder Monolithen, die urplötzlich überall auf der Welt auftauchen, sogar wenn beim Einkaufswagen ein Rad unruhig läuft, manchmal sind es Fragen, die wir uns alle schon einmal gestellt haben. Die eine oder andere Frage wird allerdings erst nach der Lektüre dieses kurzweiligen Buches auftauchen.

Jetzt ist es an der Zeit, in eine diese Welt einzutauchen. Haben Sie Freude daran und bleiben Sie gespannt, was passiert.

Michaela Lipp

Editorial

Hirngespinste - Sind Träume Schäume?

Schon als Kind wurde mir vorgeworfen, dass ich in den Tag hineinträume. Stundenlang konnte ich irgendwo sitzen, sinnieren, planen. So wurden viele Ideen geboren, die ich später versuchte zu verwirklichen.

Je älter ich wurde, umso mehr beschäftigten mich Gedanken, die sich mit der Welt befassten, mit Zuständen, mit Abläufen, mit vermeintlichen Tatsachen.

Manche Vorstellungen von Autoren wurden Jahre später umgesetzt. Jules Verne und andere, die sich mit der Raumfahrt befassten lange bevor diese möglich war, sind Beispiele dafür. Wer weiß, vielleicht sind auch meine Gedanken, meine Fiktionen, meine Fantasien nahe an der Realität. Vielleicht gibt es Wesen, die mit uns telepathisch kommunizieren können. Vielleicht werden uns in unseren Träumen tatsächlich zukünftige Technologien verraten.

Die Satiren sind als solche hingegen klar erkennbar. Ob das der biologische Terrorismus ist, der die Wehrhaftigkeit Amerikas und der gesamten westlichen Welt schädigt, ob das die Anlehnung an den teuersten Kaffee der Welt ist, oder die autonome Autofahrt.

So wünsche ich jedem Leser, jeder Leserin die gleiche Neugier, die mich immer wieder zum Träumen und Sinnieren bringt. Lassen Sie sich ein in meine Welt der Fantasie.

Viel Freude mit meinen Geschichten!

Wilhelm Maria Lipp

Inhaltsübersicht

Biologischer Terrorismus

»Fettleibigkeit der Jugendlichen gefährdet die Sicherheit Amerikas!«

Diese Schlagzeile in den Nachrichten war von vielen Leserinnen und Lesern nur so nebenbei wahrgenommen worden. Die wenigsten Menschen denken mit, die meisten lassen sich berieseln, hören zwar die Kommentare und akzeptieren diese, aber sie lassen sich nicht aktiv darauf ein.

Fettleibigkeit von einem Drittel der Jugendlichen Amerikas!

Das bedeutet, ein Drittel der jungen Menschen ist unbeweglich, unsportlich, gesundheitlich gefährdet. Ein Drittel aller amerikanischen Jugendlichen ist aus diesem Grund für das Militär untauglich, und das ist die Ursache, dass nicht mehr alle wichtigen militärischen Posten besetzt werden können.

Wie kam es dazu, dass diese einst doch so gewaltige Nation einen derartigen degenerativen Niedergang erleben muss? Was sind die Ursachen?

Mit einem Wort kann man die Gründe beschreiben: Fastfood bzw. McDonalds.

McDonalds, der Inbegriff fettiger, süchtig machender, nicht wirklich sättigender, eben ungesunder Ernährung, hat seinen Ursprung in Amerika. Die Geschichte erklärt, dass 1937 Richard und Maurice McDonald in San Bernardino das erste Drive-In-

Restaurant eröffneten, wo die Gäste von Kellnern auf Rollschuhen Milchshakes und Hot Dogs serviert bekamen. Auch die weitere Entwicklung, der Verkauf des Geschäftes, die Übernahme bis zur aktuellen Situation der Fastfood-Kette scheint nachvollziehbar belegt zu sein.

Dass diesem Erfolgslauf der Kette eine lange Planung voraus gegangen war, weiß heutzutage niemand mehr.

Weit im Osten wurde die Idee dazu geboren. Das amerikanische Volk müsse nachhaltig geschwächt werden, um es angreifbar zu machen, das war der Auftrag, der an einen kreativen Thinktank, also einer Denkfabrik übertragen wurde.

Viele Ideen wurden geboren. Eine davon sollte umgesetzt werden. Die Beeinträchtigung der militärischen Verteidigungsfähigkeit der USA.

Es liegt auf der Hand. Essen müssen alle Menschen, ja essen wollen alle und wenn möglich rasch und geschmackvoll. Das war ein erster Denkansatz. Amerikas Bevölkerung würde sich durch geschmackvolle, von der Werbung hochgelobte, aber eben ungesunde Ernährung auf lange Zeit gesehen selbst in den Zustand bringen, der vom Thinktank erwartet wurde.

Wie sollte man diese neuartige Geschäftsidee nennen? – Das war die zweite Frage.

Da erinnerte man sich an das wohlbekannte Lied *Old McDonald had a farm*, das landauf, landab in den Schulen gesungen wird, ja als

Volkslied das gesamte weite Land Amerika erobert hat.

Nun musste nur noch jemand dieses Namens gefunden und mit dem notwendigen Knowhow ausgestattet werden. Und dieser jemand, das waren eben Richard und Maurice McDonald. Der Erfolgslauf begann 1937.

1955 wurde die Firma an Ray Krock verkauft, und in den sechziger Jahren wurde als Werbefigur Ronald McDonald erfunden. All das war von langer Hand geplant gewesen. Seit 1966 war der Erfolg nicht mehr zu bremsen. Ja, es kamen so manche Nachahmer auf den Markt, sodass die Grundidee, Amerika durch übergewichtige Bürger zu schwächen, viel rascher umgesetzt werden konnte, als ursprünglich gedacht. Ich denke da zum Beispiel an Burger King, Kentucky Fried Chicken, und dergleichen.

Nicht nur Amerika, nein die gesamte westliche Welt muss sich der Bedrohung bewusst werden. Die einst asketischen Spartaner oder Preußen sind längst Vergangenheit. Bequeme, gut genährte, ja übergewichtige Menschen markieren das Straßenbild der westlichen Welt.

Jetzt ist es so weit. Die Gefahr aus dem Osten droht den Westen zu übernehmen.

Als nächster Schritt kam die globale Vernetzung und mit dieser die Beeinflussbarkeit des Einzelnen anscheinend wieder aus dem westlichen Kulturbereich. Weit gefehlt, auch hier dürfte ein Thinktank der östlichen Welt die Hand im Spiel gehabt haben.

Überall dort, wo der feine, hintergründige Einfluss durch soziale

Medien seine Grenzen hat, werden Menschen an den Schaltstellen mit ursprünglicher Brutalität ausgeschaltet, allerdings derart, dass man den eigentlichen Zweck der Agitation kaum erkennt.

Auf diese Art wurde einst der westlich orientierte Schah von Persien abgesetzt, auch die Kennedy Brüder und Martin Luther King sind Beispiele, wo Hintergründigkeit durch Brutalität ersetzt worden ist.

In letzter Zeit häufen sich diese Angriffe auf die Stabilität der westlichen Menschheit, ob durch Manipulation von sogenannten freien Wahlen, ob durch brutale Anschläge, durch vordergründigen Terrorismus finanziert aus unklaren Quellen. Unsere Welt ist einer Veränderung, einer Revolution ausgesetzt, die von langer Hand als Schwächung durch bewusst herbeigeführte Fettleibigkeit geplant worden ist, beschleunigt und ergänzt durch die jeweils aktuellen modernen Gegebenheiten.

Auch werden viele unserer Leitfiguren (ich denke nicht nur an die Machthaber Amerikas, Russlands, der Türkei, Indonesiens oder Nordkoreas, sondern auch an rechte Leitfiguren zum Beispiel in Frankreich, Polen oder Ungarn) stetig durch hintergründige Manipulationen dazu gebracht, dass die Stabilität unserer Welt ins Wanken gerät. Das Staatengebilde, wir es kennen, wird bald einer gewaltigen Veränderung ausgesetzt sein.

Der Überschrift »Fettleibigkeit der Jugendlichen gefährdet die Sicherheit Amerikas!« sollten wir also mehr Aufmerksamkeit schenken, als sie bekommen hat. Es betrifft nicht Amerika alleine, es stehen die Sicherheit und die Stabilität der gesamten westlichen Welt auf dem Spiel.

Tun wir etwas! Allerdings, ob ein Umdenken in der Ernährung und mehr Sport im Sinne des gesunden Geistes im gesunden Körper alleine noch reichen werden, das wage ich hier zu bezweifeln.

Capulus Odorlippi

Kennen Sie Kopi Luwak oder vielleicht Black Ivory?

Sicher haben Sie schon vom teuersten Kaffee der Welt gehört. Die Kaffeefrüchte werden von Tieren gefressen, das Fruchtfleisch wird verdaut, die Bohnen bleiben über und verlassen auf natür-lichem Weg wieder diese Tiere. Die Verdauungsfermente der Tiere bewirken eine Geschmacksveränderung. Solche Kaffeebohnen waren früher die einzigen, welche die Arbeiter auf den Kaffeeplantagen für sich verwenden durften. Mittlerweile wurden sie als Delikatesse entdeckt und werden sehr teuer verkauft.

Auf den indonesischen Inseln Sumatra, Java und Sulawei gibt es den Fleckenmusang mit dem Namen Luwak. Das ist eine Art Schleichkatze, die einem Wiesel ähnlich ist. Dieses Tier frisst neben anderen Früchten auch die Kaffeefrucht. Wie die Katzen bei uns hat diese Katzenart einen fixen Platz für ihre Notdurft, so ist die Ernte der veredelten Kaffeebohnen relativ einfach. Erst nachdem die Bohnen gründlich gesäubert und getrocknet sind, werden sie geröstet und als teuerster Kaffee der Welt unter dem Namen Kopi Luwak verkauft. Kopi heißt Kaffee, Luwak ist der Name vom Fleckenmusang.

Die Idee, Kaffee derart zu veredeln wird auf verschiedenen Stellen der Welt mit unterschiedlichen Methoden versucht. So werden zum Beispiel in Indien Elefanten mit Kaffeefrüchten gefüttert. Der so gewonnene Kaffee wird als Black Ivory verkauft, das heißt auf Deutsch *Schwarzes Elfenbein*.

Meine Frau und ich haben vor kurzem eine Packung Kaffeebohnen geschenkt bekommen. Wir verwenden allerdings Kaffeekapseln und hätten eigentlich für diese Bohnen keine Verwendung. Aber dieser herrliche Duft! Da kam uns die Idee, wir nützen unsere Kaffeebohnen. Wir leerten ein paar davon in eine Tasse und stellten diese offen in unser stilles Örtchen. Somit haben wir dort auch bei arger Geruchsbelästigung jederzeit einen angenehmen Duft, der die üblen Gerüche neutralisiert.

Übrigens, wussten Sie, dass man bei arger Geruchsreizung die Nase an einen Beutel Kaffeebohnen halten soll, damit die Beschwerden der Düfte aufgehoben werden?

Diese offene Tasse mit den Kaffeebohnen steht nun etwa einen Monat lang auf unserem Örtchen. Danach werden die Bohnen wieder in luftdichte Beutelchen verpackt. Die Veredelung der Kaffeebohnen durch ursprüngliche humanoide Düfte gibt jedem Frühstückskaffee eine besonders anregende Note. Da wir aber ein geregeltes Einkommen haben, können wir es uns leisten unsere Kaffeeveredelung zu verschenken, wir brauchen kein Zusatzeinkommen. Probieren Sie ihn, Sie werden entzückt sein von unserem Capulus Odorlippi. Capulus ist lateinisch und bedeutet Kaffee, Odor heißt der Duft. Es gibt ihn nur in kleinsten Mengen, diese aber jeden Monat neu.

Wir verschenken ihn gerne an besondere Freunde.

Retten wir die Schneemänner

Spendenaufruf:

Übernehmen Sie eine Patenschaft? Für 10 Euro pro Monat sind Sie dabei. Wir haben uns der Rettung einer bedrohten Art verschrieben. Wir möchten verhindern, dass sie aussterben. Retten wir die letzten noch vorhandenen Exemplare und tragen wir zur Revitalisierung bei.

Ihr monatlicher Beitrag kommt durch die vorbildliche Arbeit unserer engagierten Mitarbeiterinnen und Mitarbeiter direkt der bedrohten Art zu Gute. Wenn Sie Ihre Adresse und Ihr Geburtsdatum am Zahlschein vermerken, wird Ihre Spende automatisch dem Finanzamt gemeldet. Möglicherweise haben Sie also durch Ihre Spendenfreudigkeit sogar einen Steuervorteil. Geben Sie Ihrem Herzen einen Stoß und tragen Sie zur Rettung bei.

Sie sind diesen armen Geschöpfen früher oft begegnet, damals als Sie selber noch Kind waren. Aber wie sieht das heute aus? – So sehen Sie es selber, sie drohen auszusterben. Miteinander aber können wir etwas tun. Unserer Hände Arbeit und Ihre Spende. Wir können gemeinsam beitragen, dass sich aus einzelnen Hilfsaktionen ein Strom der Nächstenliebe entwickelt und dass die bedrohte Art eine Chance bekommt.

Sie wollen wissen um welche Art es sich handelt?

Es sind nicht die gefährdeten Tiere Afrikas, auch nicht jene in den Weltmeeren.

Es sind nicht die letzten Maoris Neuseelands, nicht die letzten

Inuit im hohen Norden, auch nicht die an seltenen Krankheiten leidenden Menschen, nein es geht heute um die gefährdete Art der Schneemänner und Schneefrauen und natürlich der Schneekinder.

Ja, sie sind gefährdet. Erinnern Sie sich zurück, wie viele dieser Art haben Sie früher gesehen, damals, als Sie noch Kind waren? Und wie schaut das heute aus?

Gehen wir hinaus auf unsere Straßen – wo sind heute die Schneemänner, Schneefrauen und Schneekinder?

Wir sehen sie nicht mehr. Unaufhaltsam, unaufdringlich und beinahe unbemerkt stirbt diese Art aus.

Für Generationen von Kindern, deren Eltern und Großeltern waren Schneemänner Zeichen der Fröhlichkeit, des gemeinsamen Spielens, einfach des Miteinanders. Aber heute? Nicht einmal in der kalten Jahreszeit finden wir Schneemänner in annähernd großer Zahl wie noch in unserer Kindheit.

Ist das Aussterben der Schneemänner ein Anzeiger unserer Zivilisation? – Oder eher ein Indiz dafür, dass sich niemand mehr wirklich mit den Kindern unserer Zeit beschäftigen möchte?

Mobiltelefone, virtuelle Schneemänner und dergleichen einerseits und die Belastung der Erwachsenen andererseits lassen unsere lieb gewordenen Begleiter in der kalten Jahreszeit aussterben.

Nein, das ist kein Aufruf gegen Smartphones, kein Aufruf, stressgeplagten Eltern noch mehr Pflichten aufzuerlegen, nein es soll dazu anregen, darüber nachzudenken, wie wir unsere Schneemänner revitalisieren können.

Sie waren nicht nur unsere Begleiter in der kalten Jahreszeit, nicht nur unsere Spielknotenpunkte im Winter, nein, man konnte sie auch verwenden um komplizierte Inhalte zu erklären.

Denken wir nur an die Wiedergeburt, die von mancher Religion gelehrt wird. Wie soll sich das ein Kind im Religionsunterricht vorstellen? Zu kompliziert?

Ganz einfach. Alle Kinder kannten ihre Schneemänner. Manche davon wurden jedes Jahr neu wieder an derselben Stelle errichtet, die gleichen Utensilien wurden verwendet. So waren unsere Schneemänner über Jahre hinweg immer gleich gestaltet.

Drei übereinander gelegte Schneekugeln, wobei jeweils die darüber liegende eine Spur kleiner war, als jene darunter. Als Hut diente eine umgedrehte Pfanne mit dem Stil nach hinten, zwei Augen aus Kohlen (eigentlich waren es Koks-Stücke), eine Nase aus einer Karotte. Und an den beiden unten liegenden Schneekugeln waren unter dem Gesicht, das zur Straße schaute, einige Koks-Stücke in einer senkrechten Reihe aufgedrückt, als ob das die Knöpfe eines Mantels wären.

Auf der mittleren Kugel waren oben links und rechts noch jeweils ein kleiner Patzen Schnee aufgedrückt. Das waren die Hände. Durch die rechte Hand ging der Stil eines Besens, die linke Hand hielt eine Schaufel. So schaute unser Schneemann auf der Straßenseite unseres Hauses jedes Jahr aus. Ich baute ihn mit den

Kindern jährlich neu. Bis auf die Karotte, die wir natürlich frisch holten, wurden alle anderen Utensilien das Jahr über in einer Kiste aufgehoben. Der Charakter unseres Schneemannes war also immer gleich.

So kann man auch unsere Wiedergeburt erklären. Zwar stirbt der Körper, aber unsere Seele kommt wieder.

Sie merken, es ist wichtig, dass wir unsere Schneemänner retten.

Aber auch für den Zusammenhalt innerhalb der Familien tragen diese selten gewordenen Exemplare bei. Ein Mensch alleine wird selten Schneemänner bauen, einer alleine wird kaum mit ihnen spielen oder kuscheln, aber in der Familiengruppe oder mit Freunden haben viele Spaß bei den Rollenspielen.

Helfen Sie mit! Retten wir die Schneemänner. Wer weiß, vielleicht können wir derart auch das eine oder andere Burnout bekämpfen.

Was zuerst als Scherz bei Ihnen, liebe Leserinnen und Leser ankam, hat seinen berechtigten tiefen Sinn. Schneemänner sollte es das ganze Jahr geben. Nein! Ich meine nicht diese Art von *Schneemännern*, die das ganze Jahr *Schnee* verkaufen, ich meine die Schneemänner unserer Kindheit. Revitalisieren wir diese aussterbende Art. Wenn wir dazu dem Kind in uns Gelegenheit geben müssen, lustbetont zu agieren, so ist das ein Meilenstein zur Rettung der bedrohten Art. Gemeinsam können wir dies erreichen.

Liebe das Kind doch, das tief in dir ruht!
Lass es auch manchmal zum Spielen heraus.
Sieh nicht den Körper, beweis deinen Mut,
lass es geschehen, das, was man nicht tut,
spüre das Leben, du hast eine Chance!

Ist es das Alter, das uns immer hemmt,
dass wir verleugnen den Quell uns´rer Kraft?
Glück, Liebe, Lebenslust sind dem nicht fremd,
der sich der Mängel des Körpers nicht schämt
und so den Wandel zum Kind wieder schafft.

Auf diese Art können wir vielleicht nicht einzelne Schneemänner retten, aber unseren Kindern, unseren Familien gemeinsame Zeit, Harmonie und Ausgleich schenken.

Das erkennen Sie sicher auch!

Der Botschafter

Strecke dich, komm strecke dich, dehne dich, mach dich laaaaaang. Jaaaa, gut, so komme ich an die Enden deiner Muskeln. Mit Genuss erkenne ich diese dünnen, übersäuerten Fasern. Jedes meiner Greiforgane nimmt sich ein Stück. Nun noch einmal kurz gewartet bis zur nächsten Dehnung, und schon arbeite ich dagegen, ich verknote die Teile miteinander.

Du kannst mich nicht sehen, aber du spürst, was ich in dir bewirke. Du bäumst dich auf, schreist laut, sobald der Schmerz dein Gehirn erreicht hat, aber du kannst es nicht mehr ändern.

»Ein Krampf! Helft mir, ich habe einen Krampf!«, so bittest du die Menschen rund um dich um Hilfe. Ja, wieder habe ich es geschafft, wieder habe ich meine Aufgabe erfüllt, jene Aufgabe, die der einzige Sinn unseres Seins ist.

Unseres Seins? Willst du wissen, wer wir sind?

Ich bin ein Gnom, ein Knotengnom. Wie soll ich uns beschreiben? Wir sind Geschöpfe, die du nie sehen wirst, wir sind für deine Augen unsichtbar. Aber fühlen muss uns jeder einmal. Stell dir vor, wie viele Menschen es gibt, wie viele Pflanzen und Tiere. – Auch wir Gnome sind eine überaus häufige Lebensform, aber wir sind nicht an einen Planeten gebunden.

Unsere Erscheinungsform ändert sich von Entwicklungsstufe zu Entwicklungsstufe. Wir durchlaufen Metamorphosen, und je nach Fortschritt haben wir immer kompliziertere Aufgaben. Unser Aussehen verwandelt sich von Mal zu Mal. Vom jungen Gnom mit vielen Greiforganen entwickeln wir uns über viele Stationen mit jeweils immer weniger Greifern hin zum weisen Gnom, der nur die

Kraft seiner Gedanken einsetzt. Die meisten Gnome sind nachtschwarz. Sie sind die reinen *Arbeiter*, geschlechtslose Wesen, die sich in ihre Aufgabe verbeißen und keine Gedanken verschwenden, was sie damit erreichen. Zum Fortbestand unserer Rasse aber braucht es ähnliche wie mich, die weißen Gnome. Sie können männlich oder weiblich sein, je nachdem, wie ein möglicher Partner ihnen gerade entgegenkommt.

Der Hauptgrund des Seins aller Gnome ist, Arbeit, Schmerz und Unruhe zu erzeugen. In diesen Schmerzen, in dieser Arbeit, in diesen Unruhen haben die weißen Gnome die Möglichkeit unsere Art fortzupflanzen.

Also verurteilt uns nicht, wir können nicht anders. So wie ihr Menschen die Früchte der Erde in euch hineinschaufelt, die Tiere tötet und esst, damit ihr weiterlebt, genauso brauchen wir die Ergebnisse unseres Tuns.

Noch etwas, du willst wissen, warum ich dir das alles erzähle? Ich bin der Auserwählte aber auch die Auserwählte, ein/e Alpha-Omega Gnom/in, weder nachtschwarz noch reinweiß. Der/die erste seit unendlich langer Zeit. Ich wandle als Schattennebellicht durch unser Dasein. Mal dunkel durchscheinend, mal gleißend hell wie ein Lichtkörper, aber für euch Menschen, wie alle Gnome, unsichtbar, auserwählt als Botschafter. Ich soll euch unsere Art ein wenig näher bringen, damit ihr uns nicht nur fühlt, sondern versteht und ihr euch auf uns einstellen könnt. Ihr braucht euch nicht gegen uns zur Wehr zu setzen, nehmt uns an, als eure Schmerzprüfung, lebt mit uns in einer Symbiose, dann haben unsere Arten, Mensch und Gnom, gemeinsam genug Platz in diesen Welten.

Sobald wir geboren werden, das heißt, wenn wir uns das erste Mal aus unseren schützenden, lebensspendenden Hüllen schälen, sind wir sofort aktiv. Wir suchen unsere erste Nahrung in eurer *Natur* und verknoten Fäden, die wir finden. Manchmal stolpert ihr über unser Werk, wenn ihr nicht aufpasst. Hohes Gras ist für viele von uns die erste Nahrungsquelle. Wir verknoten es zu Bündeln und erhalten unser Lebenselixier, wenn Lebewesen stolpern oder hinfallen. Das lässt uns wachsen, daraus schöpfen wir die Energie für die nächsten Aufgaben. Periodisch bekommen wir auf diese Weise stets neue Hüllen. Bei einem Schmetterling würdet ihr *Kokon* sagen, aber unsere Hüllen sind eher so, wie die Häute von Heuschrecken. Eigentlich eine Mischung aus beiden. Durch die Schmerzenergie der Lebewesen bekommen unsere Hüllen die Kraft, uns auf dem Weg zur nächsten Metamorphose zu ernähren. So sorgen wir für unsere Weiterentwicklung.

Manche von uns schaffen die erste Nahrungsaufnahme nicht. Deren Dasein ist beendet, noch bevor es so richtig losgeht. Jeder von uns ist irgendwann erfolglos, je entwickelter wir werden, umso schwieriger sind unsere Aufgaben und umso öfter scheitern wir. Versagen bedeutet aber für uns Gnome, zurück zum Start, Neubeginn in einer Wiedergeburt irgendwo als Wiesengnom.

Eine einfache Übung zur Gewinnung von Wachstumsenergie ist das Verwirren von Fäden. Mancher von euch kennt jene althergebrachte Möglichkeit zur Herstellung von Kleidern, indem ihr Fäden mit Nadeln zu Stoffen verarbeitet. Dabei finden viele von uns Nahrung. Dazu brauchen wir oft nicht einmal Gehilfen wie Hunde, Katzen oder kleine Kinder. Wie von Geisterhand - glaubt manche Strickerin- wird die Wolle zu einem undurchdringlichen Gespinst. Leider ist diese Möglichkeit unserer Ernährung für uns beinahe ausgestorben. Wo wird denn noch gestrickt? In den Familien passiert das kaum mehr, sogar in Kindergärten und Schulen wird mehr Wert auf andere Tätigkeiten gelegt, als auf die traditionelle Kultur des Strickens oder Häkelns.

Auch beim Angeln finden wir wunderbare Nahrungsquellen. Selten nützt uns unser Tun nichts. Nur wenn der Angler die Verknotung abschneidet und von neuem sein Angelzeug herrichtet, scheitern wir. Meistens wachsen wir, weil sich diese Menschen so ungemein köstlich Energie spendend darüber aufregen, wenn die Schnüre sich verknotet haben.

Die nächste Nahrungsquelle bietet uns oft der Schmuck vieler weiblicher Menschen, ihre Haare, die sie täglich kämmen. Kaum achten sie nicht darauf, nutzen wir einen Windstoß, und schon ist es geschehen. Verfilzte Haare sind eine herrliche Möglichkeit für uns Gnome, um Energie zu tanken. Selten bleiben Frauen mit ruinierter Frisur gelassen, und wir können wachsen und werden immer kräftiger.

Mit jeder Weiterentwicklung verändert sich unser Erscheinungsbild. Wenn wir am Anfang unzählige instabile Greiforgane haben, um viele Enden von Fäden zu ergreifen, so entwickeln sich diese von Mal zu Mal zu stabilen Greifwerkzeugen, auf die man sich echt verlassen kann. Manchem Knoten-Gnom-Kind passiert es schon mal, dass seine Greifer mitverknotet sind im Grasbüschel, in den Ranken der Waldreben, ja sogar in den gesponnenen und dick zusammengedrehten Fäden der Spinnen. Aber je entwickelter ein Knoten-Gnom ist, umso weniger oft passiert das.

Mein Stadium ist im Moment so, dass ich mit nur noch acht relativ gelenkigen, kräftigen und unglaublich gut zusammenarbeitenden Greifarmen agiere. Meine bevorzugte Nahrungsquelle sind die Muskeln von Lebewesen. Wenn also Muskeln so richtig sauer sind, dann spüre ich das durch alle Häute der Lebewesen hindurch. Sei es die angewachsene Hülle, der Nährboden für Haare, eben die Haut, oder seien es die darüber gezogenen Schichten aus Stoff, nichts hemmt mich. Ich greife hindurch, als ob nichts da wäre und verknote die Muskelfasern zu den Auslösern herrlich lustvoller Bewegungen der Lebewesen und zu ihrem Aufjaulen, Aufheulen, zum Schmerz Hinausschreien. Ja, das tut gut, davon lebe ich, so kann ich weitere Entwicklungsstufen ansteuern.

Manche Menschen kämpfen dagegen an. Sie nehmen Magnesium, sie bewegen sich regelmäßig, sie wärmen sich vor dem Sport auf. Doch wozu dies alles? – Irgendwann ist jeder von ihnen nachlässig, dann greifen wir zu. Wir können warten, wir Knoten-Gnome. Also haben alle Präventivmaßnahmen oder Abwehrversuche oft nur aufschiebende Wirkung. Sinnvoller wäre es, unser Tun einfach zu dulden – eben eine symbiotische Lebensweise mit uns einzugehen, wie so mancher Mensch schon erkannt hat. Bei einigen Lebewesen ist diese Symbiotik schon dermaßen ausgeprägt, dass sie regelrecht darauf warten, dass einer von uns wieder einmal zugreift. Und echte Masochisten bieten sich uns freiwillig als willkommene Energiespender an.

Wie es mit unserer Entwicklung weitergehen wird bzw. weitergehen kann?

Als Botschafter trage ich natürlich diese Informationen in mir, auch dann, wenn ich es selber noch nicht erlebt habe. Ich kenne den Weg und das Ziel.

Gerne bringe ich ein paar Beispiele.

Vom realen Hineingreifen in die Körper unserer Wirte kommen wir rasch ab, wir verlieren auch die sichtbaren Greifwerkzeuge, aber wir arbeiten immer mehr mit diesen Lebewesen. Bevorzugt werden nun alle denkenden Wesen. Das heißt eigentlich all jene Wesen, die glauben, dass sie zu den denkenden Wesen gehören. In dieser, eurer Welt sind das die Menschen. Und zwar in allen Altersstufen, egal ob weiblich oder männlich.

Wir verknoten die Gedanken. Sorgsam beobachten wir die paarweise oder in Gruppen auftretenden Menschen und finden rasch jene Gedankenenden, die zusammengeknotet Streit, Zwist, sogar Gewalt auslösen können. Je stärker uns dieses Emotionen-Auslösen gelingt, umso besser sind unsere weiteren Entwicklungschancen.

Natürlich müssen wir das immer wieder trainieren, um in den Gehirnen der Menschen solche Gedankenfäden zu finden.

Unsere Gehilfen dabei sind Missgunst und Neid, Boshaftigkeit, Streitsucht und Zynismus, die wir immer wieder in Träume und Gedanken der Denkenden einpflanzen. Damit haben wir fast immer Erfolg. Selten finden wir einzelne Lebewesen, die gegen diese Helfer immun sind. Die meisten Menschen streben ununterbrochen nach mehr. Ob das nun mehr Geld, mehr Ansehen, mehr Erfolg ist, die Worte *ich will mehr* oder *haben will* sind Energiespender für uns Knoten-Gnome. Wie einfach sind die Menschen doch zu beeinflussen.

»Schau, der ist besser als du, und der hat eine schönere Frau, der verdient mehr, und der läuft schneller, ...« Solche oder ähnliche Gedanken in die Gehirne der Männer gepflanzt, schon können wir zugreifen, können wir Knoten-Gnom-Energie ernten.

Aber wer denkt, dass es nur männliche Energielieferanten gibt, der irrt. Bei den Frauen mussten wir uns nur ein wenig abgeänderte Sätze einfallen lassen. »Die hat mehr Schuhe!« »Deren Kinder sind modischer angezogen!« »Jene kann einparken!«, oder »Diese redet schlecht über dich, ...« Ja, so funktioniert das Energietanken bei den Frauen wunderbar.

Manchmal wenden wir eine Mischung männlicher und weiblicher Gedanken an.

Wenn es uns gelingt, ein Paar in einen Streit zu treiben oder gar zur Trennung, dann leben wir so richtig auf und bekommen neue Energie für Metamorphosen.

Wir erkennen auch riesige Gemeinschaften als einen Organismus und arbeiten mit diesem wie am Anfang mit dem Gras und mit den Fäden in der Natur.

Denke einmal an die Streitereien bei manchen kulturellen Ereignissen. Was glaubst du, wer den einen Ortsteil dazu bringt, dem anderen Ortsteil den Maibaum zu fällen? – Richtig, ein Knoten-Gnom war am Werk.

Ähnliche Beispiele findest du sicherlich viele, wenn du nur die Tageszeitungen genau durchschmökerst. Wir erfolgreichen Gnome sind aus der menschlichen Kultur nicht mehr wegzudenken.

Auch in eurer Geschichte findet ihr immer wieder Hinweise auf die Tätigkeit unserer Alten. Wer hat das römische Weltreich oder Karthago oder in der Neuzeit Jugoslawien oder die Sowjetunion zerfallen lassen? – Du meinst es war der Kapitalismus? Weit gefehlt, das waren wir. Einer meiner Onkel hat in Jugoslawien gewirkt.

Im Moment entdecken wir Knoten-Gnome weitere Möglichkeiten in euren neuen Medien. Die *Facebook Party* zu der hundertmal mehr Gäste kommen, als eingeladen sind, war eine einfache Übung, eine so genannte Einstiegsübung in die Nutzung der neuen Technologien.

Die Irritation der Weltwirtschaft, das Verknoten der Finanzstrategen ganzer Staaten, das war das Gesellenstück mehrerer Knoten-Gnome, die eine Allianz dafür gebildet haben. Ja, auch wir lernen dazu. Was einer alleine nicht schafft, gehen wir neuerdings in Teamarbeit an.

Schaut euch die Finanzkrisen an und wie die Staaten damit umgehen. Einer von uns hätte das alleine nicht geschafft, das ist gelebte Teamarbeit. Das haben wir uns von den Ameisen, von den

Bienen und von euch Menschen abgeschaut. Aber wir haben in unserer Teamarbeit keine egoistischen Gedanken. Wenn wir als Team versagen, müssen alle zurück an den Start, wenn wir erfolgreich sind, bekommen alle Teamarbeiter ihren Teil der Lebensenergie.

Ein Ausblick in die fernere Zukunft liefert uns gigantische neue Energiegewinnungsmöglichkeiten. Wir wissen, dass es auch in anderen interstellaren Systemen Wesen wie euch gibt und dass auch dort schon Knoten-Gnome ihre Arbeit machen.

Sonden im All liefern euch Informationen, wie ihr eure Grenzen überwinden könnt. In euren Gedanken, in den Träumen der Denker haben wir vorgebaut, sodass ihr neue Energiequellen erschließen werden könnt, um diese Grenzen zu brechen. Irgendwann in nicht allzu ferner Zeit für uns Gnome werden wir uns mit unseren Brüdern in den anderen Welten vereinigen, sobald ihr Menschen mit den anderen denkenden Wesen Kontakt aufnehmen werdet, so wie wir es möchten.

Und danach? Ja dann stellt sich die Frage, ob wir es nicht auch noch schaffen werden, jene Wesen, die Himmel und Hölle symbolisieren, in unseren Griff zu bekommen. Im alten Rom haben wir doch auch schon einmal die Götter beeinflussen können.

Mica

Seit einem halben Jahr chatte ich mit Mica. Ich traf sie beim Spielen im Internet. Niemals hätte ich gedacht, dass aus einem Spielpartner und mir etwas Ernstes werden könnte. Ja, erst spielten wir nur und chatteten daneben ein wenig. Bald wurde das Spiel immer unwichtiger. Dann mailten wir auch, und schließlich begannen wir zu skypen. Mittlerweile trafen wir uns täglich am PC, obwohl das wegen der Zeitverschiebung gar nicht einfach war. Schließlich lebt Mica in USA und ich hier in Österreich. Beide sind wir Studenten.

Mica kann besser Deutsch als ich Englisch, so hat sie sich entschlossen, ein Europajahr einzulegen und in Österreich zu studieren. Das ist die Gelegenheit, dass wir uns endlich auch persönlich begegnen. Wir wollen testen, ob wir uns nicht nur am Computer sondern auch in der Realität gut verstehen, ob wir also einander riechen können. Dann wird sie bei mir wohnen, sonst nimmt sie das Angebot der Studentenwohnung am Campus an.

Als ich sie am Flughafen abhole, ist die Begegnung wie ein Wiedersehen langjährig getrennt lebender Partner. Sie ist ein so wunderbarer, natürlicher Mensch. Ich liebe sie vom ersten Moment an, und ich glaube, ihr geht es genauso. Es ist der Beginn unseres gelebten Traumes.

Am ersten gemeinsamen Morgen, als sie aus dem Bad kommt, bleibt sie in der Tür stehen und sieht sich alles rundherum bewusst genau an.

»Was ist das?«, fragt sie vor meinem Regal, »so etwas habe ich schon gesehen, das sieht aus wie ein DNS-Strang, oder nein, wie ein seltenes Sternbild.« Dabei deutet sie auf ein Bild, eine Collage, die ich kürzlich mit LED-Lichtern auf Holz gebaut habe.

»Mica, du weißt ja, dass ich mich für die Monolithen interessiere. Diese Collage zeigt die zwölf Fundorte weltweit, wo zwischen November 2020 in Utah und 10. Dezember 2020 in Bayern Monolithen aufgetaucht sind.«

Mica vergleicht auf ihrem Smartphone meine Karte mit dem Sternbild, das sie in Erinnerung hat und stellt fest, dass es dort dreizehn Sterne sind, es also noch einen Punkt für einen Monolithen geben könnte, wenn das eine Übereinstimmung sein soll. Gemeinsam suchen wir diese mögliche Stelle auf der Karte. Es könnte im Mölltal sein in der Nähe von Obervellach. Das wollen wir genauer erforschen. Bald sind wir dorthin unterwegs.

Tatsächlich entdecken wir im Motorikpark Mölltal einen bisher unerkannten Monolithen. Er steht wie selbstverständlich dort auf dem Weg zwischen den Stationen. Er fügt sich harmonisch mit seiner glatt polierten Oberfläche in das Gesamtbild der Anlage ein und erinnert an einen vom Wasser glatt geschliffenen Felszacken im Gebirge. Das Einzige, was hier fehlt, ist die Anleitung zur Bewegung. Es ist aufregend. Wir haben einen Monolithen entdeckt. Wir legen uns ins Gras und schauen an ihm hoch.

»Endlich bist du da!«

»Endlich sind wir da, du hast recht«, entgegne ich zu Mica.

»Ich habe nichts gesagt.«

»Aber ich habe es deutlich gehört, ich bilde mir das doch nicht ein, dieses *Endlich bist du da*, liebe Mica!«

»Diesen Satz hast doch du zu mir gesagt, aber in Englisch!«

Nach einigem Hin und Her erkennen wir, dass wir beide in unseren Muttersprachen etwas gehört haben, was der andere nicht ausgesprochen hat. Nun sind wir aufmerksamer und lauschen in uns hinein. Wieder höre ich die Stimme in meinem Kopf, und es wird mir plötzlich bewusst, sie ist in meinem Kopf und dringt nicht von außen an mein Ohr.

»Hast du denn noch nie Stimmen in dir gehört? Hast du noch nie geträumt? Du bist jung und wissbegierig, du bist bereit für den nächsten Schritt, also pass auf!«

»Wer bist du?«, frage ich in Gedanken. »Wer bist du, und wie kommst du in meinen Kopf?«

»Das ist für dich noch schwer zu erklären. Ich bin ein Geist-Wesen, ein Denker, und ich bin überall. Die Monolithen habe ich für jene aufgestellt, die das Ganze sehen können und nicht engstirnig durchs Leben gehen, die hinterfragen und forschen, also für Menschen wie du und Mica. Auch die Zahl Zwölf spielt eine Rolle, denke an die zwölf Aposteln oder an die zwölf Feen bei Dornröschen. Jedes Mal waren es eigentlich dreizehn, Judas, der dreizehnte Apostel oder die dreizehnte Fee, die Dornröschen verzauberte. So habe ich zwölf Monolithen für alle sichtbar aufgestellt. Der dreizehnte hier ist jetzt euch vorbehalten!«

»Mica hat festgestellt, dass die Monolithen wie ein fremdes Sternbild aussehen. Ist das Absicht? Kommst du von dort her?« – Ach Mica, sie liegt neben mir auf der Wiese, kann sie mithören?

»Mica, hörst du, was sich da gerade abspielt?«

»Dasselbe wollte ich eben dich fragen. Kannst du genug Englisch, um alles zu verstehen?«

»Englisch? Ich höre in Deutsch!«

»Jeder hört mich in seiner Muttersprache. Das macht mich Geistwesen auch aus. Ich bin überall und habe jede Sprache, weil ich direkt in eure Köpfe komme.«

Ein Wesen aus einer anderen Welt? Ein Außerirdischer? Wie kommt er hierher, oder ist es eine Sie? Gibt es mehr davon? Seit wann ist er auf der Erde? Warum nimmt er gerade jetzt mit uns Kontakt auf? Viele Fragen möchte ich nun beantwortet haben. Doch bevor ich sie stellen kann, höre ich schon die Antworten.

»Ich bin eins und viel, ich bin hier und überall, ich bin in deiner Vorstellung ein Geist-Wesen. Ich bin nicht aus einer anderen Welt, es gibt nur diese eine Welt für uns, für mich, für euch. Aber diese eine Welt erstreckt sich unendlich weit. Wir sind Denker ohne Materie rund um uns. Das hat den Vorteil, dass ich/wir überall zugleich sein können. So gibt es kein Hindernis, bei dir zu sein, mit dir zu kommunizieren, aber auch auf einem anderen Planeten zu sein, wo ich/wir mit anderen Wesen reden. Auch für dich vollkommen unmögliche Orte wie eure gleißende Sonne oder das Vakuum im Weltraum sind für mich geeignet. Woran du erkennen kannst, dass ich bin? Cogito, ergo sum – ich denke, darum bin ich, hat schon Descartes im 17. Jahrhundert deiner Zeitrechnung erkannt.

Wie lange ich hier bin? Immer schon! Zwar heißt es, in den

Träumen der Kinder wird die Zukunft geboren, aber wie kommen denn die Träume in die Köpfe? Das bin ich, das bin ich schon immer. Kaum, dass ein Wesen denken gelernt hat, kann ich in seinen Kopf und ihm Wünsche einpflanzen oder Träume.

Ich weiß alles, ich kenne die Wege, und ich lege neue Ideen nach und nach in die Köpfe der Denker, der Träumer. Schon vor 2500 Jahren haben Menschen in China das Prinzip des Auftriebs in Wendelform erhalten und fliegende Kreisel gebaut. Woher sollten sie ihr Wissen bekommen, wenn nicht von mir? Oder noch weiter zurück, als Werkzeuge oder gar das erste Rad erfunden wurden. Wer hat wohl die Ideen dazu in die Köpfe gepflanzt? Ich! Ja, ich oder wir, wie du es haben möchtest. Du kennst die Zeichnungen eines Hubschraubers von Leonardo da Vinci aus dem 15. Jahrhundert, obwohl es erst viele Jahre später den ersten Hubschrauber gegeben hat? Mein Same gestreut in den Kopf eines Denkers.

Seit ich euch den Weg zum Buchdruck bereitet habe, kann ich die Ideen nicht nur Technikern sondern auch Träumern nachhaltig einsetzen, die daraus spannende Geschichten machen. Denke an Jules Verne, der als Vordenker für U-Boote oder für Reisen zum Mond oder sogar zum Mittelpunkt der Erde seine Geschichten schrieb. Oder, was glaubst du, woher kommt die Idee für den Computer, für das Internet, für das Vernetzen allen Wissens? Alles mein Same in die richtigen Köpfe gestreut.«

Mein Kopf brummt. Ich schaue zu Mica, die noch immer mit geschlossenen Augen neben mir liegt. Da blickt sie mich an und lächelt. Sie hat dieselben Gedanken vermittelt bekommen wie ich, aber wieder in Englisch.

»Mica, dass wir einander begegnet sind, dass wir uns gefunden haben, verdanken wir auch diesem Geist-Wesen. Es ist uns vorbestimmt, dass wir zusammen sind. Dafür bin ich besonders dankbar! Wir denken ähnliche Gedanken, können gemeinsam lachen und weinen. Danke, Geist-Wesen!«

»Euch beiden möchte ich bewusst machen, dass ihr euer Denken erweitert. Lasst euch nicht durch die Schranken der vermeintlichen Wissenschaft begrenzen. Zum Beispiel sind Werte wie Geschwindigkeit oder Zeit sehr relativ. Sie passen in das begrenzte Weltbild von vielen Generationen. Wenn ich euch aber sage, dass ich jetzt und immer bin, hier und überall bin, dass ich ohne Materie bin, reiner Gedanke bin und dass ihr das auch sein könnt, sein werdet, sobald ihr den Übergang geschafft habt, dann könnt ihr mir glauben und versuchen dorthin zu kommen. Ihr habt von der Seelenwanderung gehört, aber vorstellen kann sich niemand etwas darunter. Wenn ich es für notwendig halte, lasse ich mich auf eine begrenzte Zeit darauf ein, wieder eine Periode lang in Materie aufzugehen, ihr sagt Leben dazu. Sobald diese Periode vorüber ist, gehe ich wieder in die Gemeinschaft der Gedanken auf, bin ein Etwas von Allem, so wie jetzt.

Einmal hat jemand gesagt, der Glaube kann Berge versetzen. Das solltet ihr euch stets vor Augen halten. Das kann jeder, so wie jeder Raum und Zeit überwinden kann im Geflecht der Gedanken. – Ich werde nun immer bei euch sein, auch wenn kein Monolith mehr in der Nähe ist. Ihr bekommt meine Botschaften im Traum, und ab nun könnt ihr mit mir kommunizieren. Nutzt die Ideen, stellt sie den anderen vor. Macht etwas daraus. Durch eure

Vernetzung wird euch das sicher leichter fallen, als den Vorfahren, wo jeder für sich alleine entwickeln musste. Tauscht euer Wissen aus, tauscht eure Fragen aus, ihr habt die Antworten schon in euch. Die Welt des Universums steht euch offen.«

Mica hat glänzende Augen.

»Hast du auch das alles gehört? Ich bin so glücklich, dass ich mit dir zusammen bin, dass wir beide dies zusammen erfahren haben. Gerne möchte ich es versuchen und mit dir eine Lebenseinheit bilden, um unsere Erfahrungen gemeinsam zu machen, unsere Entwicklung gemeinsam voranzutreiben.«

Wir küssen uns innig und gehen eng umschlungen zurück zum Auto. Alle diese Gedanken müssen erst verdaut werden. Ob man uns das glauben wird? Sollen, dürfen wir das überhaupt weiter sagen? Wir wissen es nicht, aber eines wissen wir. Wir werden zusammen bleiben und gemeinsam arbeiten. Vielleicht können wir dazu beitragen, dass es auf der Erde wieder so einen Entwicklungsschritt gibt wie damals, als das Rad erfunden wurde, oder später, als die erste Rakete zum Mond abhob.

Wir freuen uns auf unsere gemeinsame Zukunft.

Plötzlich ist alles anders

(Text in sieben Bildern)

1

Ich wusste nur noch, dass ich gestürzt war. Dabei musste ich auf den Kopf gefallen sein, denn tiefe Dunkelheit legte sich über mich. Wie sehr ich mich auch bemühte und meine Augen aufsperrte, es gelang nicht, ich sah nur noch schwarz vor meinem inneren Auge, also ich sah nichts. Nicht einmal helle Blitze, einfach nichts!

Es war seltsam, denn ich hörte und spürte, aber Sehen und Reden hatten sich verabschiedet. Ich konnte mich nicht bemerkbar machen. »Bin ich tot?« – Denken konnte ich also schon noch.

»Er atmet! Mein Herr! Hallo! Hallo hören Sie mich? Können Sie uns ein Zeichen geben?«, einige Leute schienen sich um mich zu bemühen. Hören konnte ich also, aber beim besten Willen hatte ich keine Ahnung, wie ich mit ihnen kommunizieren könnte. Ein Zeichen wollten sie. Was für ein Zeichen? Krampfhaft versuchte ich weiter, die Augen aufzusperren. Vergebens!

Dann wurde ich aufgehoben. Ich fühlte, wie ich weggebracht wurde, und es begann ein Schaukeln. Irgendwann landete ich auf einer weichen Unterlage. Ein ständiges Piepen, hektische Aktivitäten um mich herum, Stimmen, die durcheinander redeten.

»Lebt er noch?«

»Atmet er selber, oder muss er an die Maschine?«

»Blut! Wir brauchen Blut – ins Labor damit!«

»Schwester, können Sie mir ein Glas Wasser geben, ich habe das Gefühl, ich habe heute noch nichts getrunken!«

»Ja, er ist stabil. Er hängt an der Überwachung, jetzt müssen wir geduldig sein und die Ergebnisse abwarten.«

»Was wir seiner Frau sagen sollen? Er ist gestürzt, das hat sie ja selber gemeldet, und er wird beobachtet. Fragt sie, ob er eine Patientenverfügung hat, man weiß ja nie. Bei seinem Alter und dem Sturz auf den Kopf? Ob er noch einmal wird? – Macht ihr keine große Hoffnung, aber wer weiß, vielleicht ...«

Was geschah da rund um mich? Ich wollte schreien, wollte mit den Armen und Beinen strampeln, wollte mit den Augen zwinkern, den Kopf drehen. – Nichts gelang mir.

»Hey, ich lebe noch, ich kann euch hören! Sagt meiner Frau, ich komme bald wieder! Lasst mich doch ein wenig schlafen!«

Nach einiger Zeit wurde es ruhig um mich herum. Nur das regelmäßige Piepen verstummte nicht. Piep-piep-piep-piep-piep-piep-piep! Immer wieder dieses Piep-piep-piep-piep-piep-piep-piep. Je länger ich darauf achtete, umso rhythmischer hörte es sich an.

Eins-zwei-drei-vier-fünf-sechs-sieben! Kaum waren sieben Piep vergangen, starteten die nächsten sieben.

Ich versuchte mich zu konzentrieren, auf mich zu konzentrieren. Ich schickte mein Fühlen in alle meine Körperstellen, um in mich hinein zu spüren. Dann wurde ich innerlich ruhig. War das Schlaf? Irgendwie wurde es mir bewusst, dass musste Schlaf sein. Langsam entspannte ich mich begleitet vom endlosen Piepen.

2

Plötzlich ein Knall! Die Geräusche um mich herum wurden lauter, das Piepen entwickelte sich zu einem kreischenden Pfeifen, das meine Ohren malträtierte. Dieses Quietschen und Pfeifen, war über und in mir. Ich versuchte, um mich zu blicken, da realisierte ich es, ich war in einem Raum, einem relativ engen Raum, vielleicht in einer Kapsel, einem Führerhaus? Es war eng, es war technisch ausgestattet mit Knöpfen und mit Schalthebeln. Und ich erkannte instinktiv, wofür ich welchen Knopf verwenden konnte. Ich war im Anflug auf einen Planeten, das heißt eher im Absturz auf ihn. Nun wusste ich es wieder, ich war der Kommandant, mein Bestimmungsort, der blaue Planet, und ich sollte ihn mit Hilfe meiner Ausrüstung zur Besiedelung vorbereiten.

»Es geht schief, ich stürze ab! Was kann ich tun? Den Antigrav kann ich nicht mehr erreichen, das wird ein harter Aufschlag. Der Planet hat eine Atmosphäre, und die lässt meinen Orbiter erglühen. Es wird heiß. Das Licht rund um mich wird länger und länger, es dringt nicht mehr ein sondern begleitet mich wie Farbschlieren am Rand unseres Seins. Ich muss noch ein Signal senden, damit mein Versagen protokolliert werden kann!«

Mein Kopf arbeitete also weiter, obwohl ich von den Geräuschen um mich dermaßen gebannt war, stockstarr war. »Dieses Pfeifen bringt noch mein Trommelfell zum Platzen!«

3

Da hörte ich es wieder. Piep-piep-piep-piep-piep-piep-piep! Dieses rhythmische Piepen. Eins-zwei-drei-vier-fünf-sechs-sieben! Ich blickte um mich – und sah nichts. Alles schwarz. Wo war ich? Was war nun?

Piep-piep-piep-vier-fünf-sechs-sieben! Langsam gewöhnte ich mich an diesen Rhythmus, er begleitete mich ununterbrochen, ließ mich wieder in einen Ruhezustand fallen.

Doch dann veränderte sich dieses Piepen abermals. Es wurde abgehackter, lauter, energischer, mal war es weiter entfernt, mal kam es näher. Und es wurde immer ähnlicher dem Bellen eines Hundes. Oder einem Wolfsgeheul?

Was war das? Beim Herumblicken erkannte ich, dass ich mich auf einer schneebedeckten Waldlichtung befand, dort **als Frau** alleine war. Gestern erst hatten mich die Kinder verlassen, sie wollten das große Rüsseltier jagen.

Jetzt? Das Feuer schon beinahe ausgegangen und Wölfe, die ihren Hunger an mir stillen wollten. Könnte ich einen Baum erklettern, das Feuer wieder schüren? Würde ich es mit dem glühenden Holz schaffen, den Wölfen zu entgehen? Verzweifelt suchte ich nach einem Ausweg. Das Geheul umkreiste mich, kam näher. Schon sah ich ihre Schatten, dann ein Sprung. Der Wolf stand vor mir, die Zähne gefletscht, geifernd, bereit zum Angriff. Ich wich zurück, stürzte und …

4

»Piep-piep-piep-piep-piep-piep-piep! Hängt-sie-hängt-sie-hängt-sie-auf! Hängt-sie-hängt-sie-hängt-sie-auf!« Aufgepeitschte Stimmen aus tausenden Kehlen!

Ich schlug meine Augen auf. Da stand ich auf einem mittelalterlichen Richtplatz, die Hände am Rücken zusammen gebunden vor einem Scheiterhaufen unter einem Galgen und einem Kreuz. Ein Inquisitionsgericht, und rund herum die aufgebrachte, brüllende Menge. »Verbrennt die Hexen!«, riefen die einen, die anderen skandierten immer wieder: »Hängt-sie-hängt-sie-hängt-sie-auf!«

Angst, jetzt hatte ich so richtige Angst. Links und rechts von mir zwei weitere Frauen, gefesselt wie ich. Die erste wurde von einem Kapuzenmann gepeitscht, bis ihr Gewand in Fetzen an ihr herunter hing. Es war schrecklich, ihr nackter Körper eine einzige Wunde. Sie rief, dass sie alles gestehen werde. Sofort hörte der Folterknecht auf, und das Gericht verlas ihr Urteil: Kreuz am Scheiterhaufen!

Sie heulte noch einmal laut gellend, bekam eine Kapuze über ihren Kopf und wurde nackt, wie sie nun war, auf dem Scheiterhaufen an das Kreuz gebunden. Sie musste warten, bis wir alle drei gerichtet waren. Der zweiten erging es ähnlich, ihre Strafe war der Strick. Die Schlinge um ihren Hals am Scheiterhaufen unter dem Galgen, so dass sie mit ihren Zehen gerade noch den Boden erreichte, musste nun sie warten, bis auch ich als letzte so weit war. Die Inquisition kannte kein Erbarmen.

Danach wendete sich der Folterknecht mit seiner Peitsche mir zu.

»Auf-die-Schei-ter-feu-ri-o, bren-nen-soll-sie lich-ter-loh!«, hörte ich noch bei den ersten Peitschenhieben. Bald war auch ich nackt gepeitscht und gestand, eine Hexe zu sein. Starr vor Schmerz musste ich mich hinknien. Jetzt kamen der Inquisitor und seine Tischrunde. Ob mir heiß sei, wollten sie wissen, ob meine Haut brenne. Sie öffneten ihre Beinkleider.

»Kühlt-sie-kühlt-sie-kühlt-sie-ab!«, johlte die Menge. Die Häscher schlugen ihr Wasser an mir ab, benetzten mir Gesicht, Brust und Bauch. Voll Entsetzen erkannte ich den hölzernen Spieß am Scheiterhaufen, der auf meine Scham wartete. Dann stürzte ich vornüber, und viele Männer benutzten meinen Rücken als Abtritt. Weit ausgestreckt erwartete ich meine letzte Stunde im stinkenden schlammigen Nass.

5

Piep-piep-piep-piep-piep-piep-piep! Da war wieder dieses rhythmische Piepen. Eins-zwei-drei-vier-fünf-sechs-sieben! Der Boden schien zu schaukeln, ich war nass. Ich blickte auf. Ich lag in einem Boot mitten im Meer, und es stürmte fürchterlich.

Die Wellen hoben und senkten mein Boot. Der Sturm riss es mit sich. Da erinnerte ich mich. Ich war Schiffsjunge auf einem Walfänger. Unser Schiff hatte es nicht geschafft, die letzte Sturmflut hatte es kentern lassen. Nun lag ich ausgestreckt am Boden eines Rettungsbootes und versuchte mich festzuhalten. Vergeblich, der Sturm und die Wellen kippten mein Fahrzeug und schleuderten mich mit aller Wucht ins Wasser. Sicher konnte ich schwimmen, aber wo war oben, wo unten? Ich schluckte Wasser, öffnete meine Augen, meine Arme und begann zu sinken. Spiralig ging es steil hinunter. Aus dem Wasser sind wir gekommen, im Wasser finden wir unser Ende. Strahlendes Licht empfing mich, meine Angst war wie weggeblasen. Im Sinken fand ich meinen Frieden. Einmal noch hörte ich dieses Piep-piep-piep-piep-piep-piep. Dann Dunkelheit ...

6

Später.

Ich öffnete meine Augen, drehte meinen Kopf und blickte um mich herum. Ich war in einem fensterlosen Raum, jedenfalls sah ich kein Fenster. Schläuche und Kabeln hingen an mir. Hinter mir piepste etwas. Ich wendete den Kopf und schaute die Wand rechts von mir an.

Weiß, steril weiß war sie und trotzdem irgendwie lebendig. Ich konnte Muster erkennen, Figuren, die sich hin und her bewegten. Danach wurde sie färbig. Jedenfalls ein Teil davon. Die Wand war bald in einem großen Viereck bunt. Viele Farben, die stetig ineinander flossen, sich vereinigten und gemeinsam ein kräftiges Orange bildeten. So etwas hatte ich noch nie gesehen. Waren das Halluzinationen? War ich auf dem Weg hinüber? War das der Beginn vom »ins Licht gehen«, oder war ich schon dort?

Doch bald verblasste auch das Orange, ja es verblasste die gesamte Wand. So konnte ich durch sie hinaus sehen. Es schien mir, als ob ich wie ein Vogel über Stadt und Land dahinzöge, als ob ich über alles hinwegfliegen würde. Ich erkannte Felder, Wälder, Wege, Häuser, Straßen und Autos. Und merkwürdig, jedes Auto hatte einen Tannenbaum aufgeladen.

»Kommt Weihnachten?«, fragte ich mich innerlich. Wie lange war ich schon weg? Ich wusste doch, dass ich nach dem Grillen im Garten alles wegräumen wollte, als ich plötzlich stürzte. Wie viel Zeit war denn seither vergangen?

Es irritierte mich. Ich achtete wieder auf das Rundherum um mich. Das eintönige Piep-Piep der letzten Zeit holte mich zurück ins Jetzt. Auch die Wand war wieder fest, ich spürte das Bett unter mir, roch gewohnte sterile Luft. Wie viel Zeit war wohl schon vergangen, und wie lange würde ich noch hier verbringen müssen? »Die Hoffnung stirbt zuletzt, heißt es. Muss ich sterben?« Meine Gedanken fuhren Karussell, auch wenn ich mich nicht bewegen konnte.

7

Piep-piep-piep-piep-piep-piep-piep! Wieder dieses betörende, rhythmische Piep-piep-piep-vier-fünf-sechs-sieben!

Plötzlich bemerkte ich Stimmen, Stimmen und Geräusche, ja auch so etwas wie Musik. Es hörte sich an wie die Signatur der Nachrichtensendung im Fernsehen. Bald realisierte ich, es hörte sich nicht nur so an, es war die Nachrichtensendung.

Und dann vernahm ich die Stimme meiner Frau:

»Ich hoffe, es macht dir nichts aus, dass ich den Fernseher

eingeschaltet habe für die Nachrichten. Du hast gerade noch so tief geschlafen, aber wir müssen heute viel erledigen, wir bekommen Gäste zum Grillfest. Du solltest langsam wach werden, mein Träumerle!«

Ich schlug meine Augen auf, und ich konnte sehen. Ich sah den Raum, unser Schlafzimmer, sah die Vorhänge vor dem Fenster, sah und hörte den Fernseher, und ich sah sie, meine wunderbare Frau neben mir im Bett liegen. Wie war ich jetzt erleichtert. Da stellte sie ihre nächste Frage:

»Weinst du?«

Überraschung

Oder eine außergewöhnliche Begegnung mit einem Fliesenleger

»Ich hätte die Fliesen da!«

Der Mann, der an meiner Tür geklingelt hatte, deutet auf eine Sackkarre voll mit Kartons.

Was will der von mir? Ich brauche ja keine Fliesen, habe sicher auch keine bestellt. Hat ihn jemand zu mir geschickt? Wieder ein Scherz eines Nachbarn?

Seit mein Mann verstorben ist, denken manche Leute, sie können, nein, sie müssen mich zum Narren halten. Einmal kam ein Paket von Orion mit einem Glücksbringer darin. Ich hatte es nicht bestellt, aber mein Name und meine Adresse waren deutlich zu lesen. Natürlich habe ich es sofort zurückgeschickt, ungeöffnet zurückgeschickt, nur damit ich einen Retourschein in den Händen habe, sollte mich jemand, wie zufällig, darauf anreden. Eigentlich wäre das ja eine ganz liebe Idee gewesen, aber ich suche mir solche Ware lieber selber aus, und niemand soll mich beraten oder darf das wissen.

Immer wenn ich unterwegs bin, zur Arbeit gehe oder einkaufe, merke ich, wie mich die Leute scheel anschauen. Natürlich trage ich Schwarz, ich trauere um meinen Mann. Darf ich das nicht? Ich habe ihn geliebt, wie keinen Menschen zuvor. Er war mein Lebensmensch. Auf ihn habe ich gewartet, wenn ich daheim alles sauber gemacht hatte, das Essen vorbereitet hatte. Mit ihm habe ich lachen können und weinen. In meinen Träumen sehe ich uns wieder kuscheln, dann wache ich hoffnungsvoll auf und suche ihn. Rufe nach ihm, gehe in die Küche, ins Bad, vergebens. Er fehlt mir so sehr, wen wundert es, wenn ich um ihn trauere? Wenn ich Schwarz trage?

Aber dass auch die Schulkinder mit den dummen Erwachsenen mit tun und hinter meinem Rücken tuscheln? Wer selber einen lieben Menschen verloren hat, muss mich doch verstehen können. Also ich kann den Schalter nicht einfach umlegen und wieder fröhlich durchs Dorf ziehen oder in die Gastwirtschaft gehen. Seit mein Mann von mir gegangen ist, war ich in keinem Lokal, habe ich keinen Cocktail mehr angeschaut, und ich habe auch keinen anderen Mann seither an mich rangelassen. Das geht immer noch nicht, mein geliebter Mann fehlt mir.

Ja, da steht er nun, der Arbeiter mit den Fliesen. Er hätte die Fliesen da, hatte er gesagt, nicht einfach Fliesen, nein, DIE Fliesen! Das bedeutet, jemand hat sie für MICH bestellt.

»Was kosten sie?« – Ich schaue auf den Lieferschein, den er mir entgegenhält. »Ich habe sie nicht bestellt!«

»Sie sind doch schon bezahlt!«, ist seine Reaktion auf meine Frage.

Was jetzt? Da meint es plötzlich jemand wirklich gut mit mir? Ist das eine Art Entschuldigung für all das, was ich mir beinahe täglich anschauen muss, gefallen lassen muss? Na ja, das WC könnte neue Fliesen brauchen, diese abgewohnte, beigebraune, zum Teil angeschlagene Verfliesung ist mir schon längst ein Dorn im Auge. Also, was soll ich sagen?

Der Handwerker schaut ganz ansehnlich aus, ein Bild von einem Mann, als ob ihn ein Engel zu mir geschickt hätte. Alleine die Körperhaltung, auch kein Gramm Fett zu viel. Stark, sportlich, muskulös. Unter dem Shirt vermute ich einen Waschbrettbauch. Und diese strahlenden, blauen Augen. Zum Dahinschmelzen, auch sein Lächeln. Das Gesamtbild wie ein Kunstwerk – ein Traum von einem Mann!

»Das WC könnte wirklich neue Fliesen brauchen. Haben Sie eine Ahnung, wer mir dieses Geschenk machen möchte?«

Ob das ein Nachbar war, oder einer von denen, die immer wieder hinter mir her äffen und der jetzt sein schlechtes Gewissen beruhigen will? Ach, ich weiß, meine Neugier wird kaum gestillt. Andererseits ist es auch egal. *Einem geschenkten Gaul schaut man nicht ins Maul,* sagte schon mein weiser Opa, Gott habe ihn selig!

Der Arbeiter schaut in seine Unterlagen, er kann den Besteller nicht herausfinden.

»Es tut mir leid, ich dachte, Sie hätten die Fliesen selber ausgesucht. Ein anderer Name ist hier nirgendwo verzeichnet. Schauen Sie selber: Hier stehen Ihr Name, Ihre Adresse und sogar Ihre Telefonnummer. Woher sollte ich wissen, dass die Bestellung jemand anderer für Sie aufgegeben hat? Doch, wenn Sie die Menge kontrollieren, könnte das für Ihr WC passen. Also, darf ich die Ware abladen?«

Der Mann kommt mir sehr dienstbeflissen vor. Er ist ein wirklich schöner Mensch und so kultiviert. Eigentlich tut es mir ja gut, wieder einmal mit jemandem zu sprechen, in Augenhöhe mit jemandem zu reden. Wie oft spürte ich in letzter Zeit den Wind im Gesicht, die Ablehnung. Ob er mich ein wenig aus meiner Trauer reißen kann? Ob ich mich darauf einlassen kann? Ihm traue ich es zu.

»Gut, ich nehme die Fliesen. Sagen Sie mal«, frage ich ihn, »sagen Sie mal, liefern Sie die Fliesen nur aus, oder würden Sie diese auch verlegen?«

»Und ob! Klar verlege ich sie, ist doch im Preis inbegriffen. Dieser Auftrag hat mir von Anfang an so viel Spaß gemacht. Schon als ich die Farbzusammenstellung sah, pinke Fliesen mit mintgrüner Bordüre, musste ich unbedingt diesen Auftrag bearbeiten. Ich habe extra mit meinem Kumpel getauscht Wie oft begegnet man schon einem so kultivierten Menschen mit Geschmack, mit Gefühl für Farben, einem Menschen, der weiß, was schön ist. Natürlich verlege ich die Fliesen selber. Ich freue mich sehr auf unsere Zusammenarbeit im kleinsten Raum des Hauses, **Herr** Haider! Am Wochenende hätte ich Zeit für Sie.«

Er drückt mir den Lieferschein in die Hand, und da sehe ich es. Haider, mein Name, unser Name. Die Unterschrift kommt mir so vertraut vor. Mein Mann hat mir doch zum letzten Hochzeitstag eine Überraschung angekündigt, aber wegen seiner Erkrankung hatte ich darauf vergessen. Jetzt weiß ich es, das ist ein Zeichen, sein Zeichen. Jetzt freue ich mich aufs Wochenende.

Gefühle im Sommer

Endlich frei, endlich im Auto mit der Familie unterwegs in den Urlaub. Ein herrliches, ein wunderbares Gefühl, so richtig Sommer. Blöde ist nur, dass so viele Menschen auf der Autobahn zur selben Zeit genau dieses Gefühl ebenfalls erleben wollen, also aufpassen, aufpassen auf die Bremslichter vorne und auf die Rennfahrer hinter uns. – Wunderbar, wie strahlend die Sonne genau diese Situation beleuchtet. Gott sei Dank gibt es freundliche Stauberater, die uns mit kühlem Wasser versorgen. Ist doch gewaltig! So stauen wir in den Urlaub und staunen am Ziel, wie viele andere Menschen genauso gedacht hatten, wie wir.

Das eigentliche Ziel ist natürlich das Meer. Am frühen Morgen schon sichern wir uns gegen den Ansturm der Proleten aus dem deutschsprachigen Ausland Liegestühle im Schatten in der Nähe des Pools. Rasch noch vor dem Frühstück unsere Handtücher dort deponieren, aber die weniger guten, da würden wir nicht so sehr darum trauern, sollten sie wider alle Vernunft verschwinden. Man kann ja nicht wissen.

So, auf zum Frühstücksbuffet. Essen, soweit das Auge reicht. Eierspeisen in vielen Variationen, Gemüse, Obst! Mah, was habe ich plötzlich für einen Hunger. Und alles ist *All In*! Das bedeutet, iss, soviel du kannst. Na klar, worauf warten wir? Essen holen, Kaffee holen. Ist ja alles bezahlt, im Preis inbegriffen. Da schlagen wir zu!

Und dann lassen wir uns zum Liegeplatz rollen. Heute haben wir Glück, diesmal wurden wir nur um zwei Plätze verschoben. Schau, wie die anderen, die jetzt in *unserem Schatten* liegen, sich breit machen. Aber *er* ist sicher um eine Gewichtsklasse über mir. Wer weiß, vielleicht ist er aus einer Gesellschaftsschicht über uns, der hat gelernt sich durchzusetzen. Nein! Nicht er hat das Sagen, merke ich eben, das hat sie, so klein sie auch ist, aber die hat Haare auf den Zähnen. Haben wir ein Glück, dass wir nicht zu nahe bei denen liegen, deren Keppeln würde ich kaum aushalten so den ganzen Tag.

Na gut, lassen wir die Liegen kurz alleine, auf geht's zum Meer! Ist das nicht herrlich? Du sitzt am Rande des Wassers im Sand, spielst mit deinen Zehen, die im Wasser die kleinen Steinchen und-die Muscheln hin und her rollen. Dass sich da das eine oder andere Sandkorn in die Badehose verirrt, damit muss man natürlich rechnen. Wo ist denn ein besserer Aufenthaltsplatz für so ein Sandkorn, als in der Po-Spalte? Das reibt ganz schön, wenn man nicht aufpasst, also rein ins Wasser. Traumhaft das Meer!

Ach, natürlich beißt jetzt die eben aufgeriebene Stelle, ist ja Salzwasser, und das weiß jedes kleine Kind schon, wenn man eine offene Wunde hat, sollte man sie nicht mit Salz versorgen, wenn man nicht davon gebissen werden möchte.

Rasch die Hände nach hinten und die Stelle sauber machen. So, nun lassen wir uns treiben, drehen uns auf den Rücken, strecken Arme und Beine weit auseinander. Wunderbar, wie mich das Wasser trägt. Im See daheim gelingt mir das nie so gut, wie hier im

Meer. Stundenlang könnte ich so auf der Wasseroberfläche liegen und mich treiben lassen.

Schon wieder muss ich aufpassen, diesmal, dass mich die Ebbe nicht zu weit hinaus ins freie Wasser zieht. Ui, ganz schön weit bin ich draußen, also zurückschwimmen. Ha, die anderen sind auf mich aufmerksam geworden und winken. Ja, ich komm schon.

Von weitem höre ich es schon, sie brauchen mich, besser gesagt, meinen Geldbeutel, sie wollen sich frische Melonen und ein Eis kaufen. Sollen sie, ist ja Urlaub, da schaut man nicht zu sehr auf jeden Euro, oder?

So, ein wenig noch zum Pool, dann ist es Zeit fürs Abendessen, das ist ja ebenfalls im Pauschalpreis mitbezahlt. Nichts wird es mit dem Ausgehen, wir essen hier im Hotel. Schau, die anderen Tische sind gar nicht so sehr besetzt wie beim Frühstück. Haben die tatsächlich nur Übernachtung mit Frühstück gebucht? Essen die sich schon beim Frühstück so sehr an, dass sie am Abend nichts mehr brauchen? – Schatz, das sollten wir fürs nächste Mal auch überlegen. Das Frühstücksbüffet ist ja wirklich ausreichend. Vielleicht könnte man sich das eine oder andere Brötchen am Morgen einpacken als kleinen Zwischendurch Snack, falls man tatsächlich ein aufkommendes Hungergefühl verspürt.

Was heißt, ich bin rot? Rot bin ich? Wo? Auf der Brust und auf den Oberarmen? Oje, wahrscheinlich hätte ich mich doch mit einem Sonnenschutz eincremen sollen, bevor ich ins Meer gegangen bin, jetzt bin ich rot. Das ist heiß, aber immer noch besser, als die eine Blondine dort drüben. Hast du die gesehen, die oben ohne zwei Plätze weiter ohne Schatten lag. Also die braucht heute eine extra Appres-Sun-Behandlung. Ja, umgedreht hat sie sich schon immer wieder, wie ein Grillhenderl, darum ist sie hinten wie vorne angebraten.

Apropos angebraten, heute war beim Abendbuffet irgendwie die Wärme ausgegangen. Kalte Fleischstücke vom Schaf sind nicht unbedingt mein Geschmack. Kannst du mich mit Sun Lotion danach eincremen? Ich fühle, wie meine Haut immer heißer wird, beim Duschen kann ich kaltes Wasser verwenden, es kocht, sobald es meine Haut berührt. Ach, es schmerzt.

Was müssen wir tun, dass die Klimaanlage aktiviert wird? – Verdammt, ich kann die fremde Sprache nicht, die auf der Bedienungsanleitung steht.

Schatz, das nächste Mal schauen wir, dass wir kein Hotel bekommen, wo so viele Kleinkinder sind. Furchtbar, wie die Kinder lärmen, da soll man sich erholen?

Da hätten wir daheim bleiben können am Badesee, dort wissen wir alles, kennen wir alles und können am Abend ins eigene Wasserbett zur Entspannung steigen. Und wir sind daheim, wenn wieder ein Urlaubseinbrecher versucht, leer stehende Wohnungen zu knacken. – Aber jetzt heißt es, das Nervengeflecht neu zu stärken, damit wir auch das Heimstauen am Ende der Urlaubswochen unbeschadet überstehen.

Auf geht's! Mir ist so heiß!

Spuren im Schnee

Die letzten Tage waren noch einmal so richtig fordernd, beinahe überfordernd. Es schien, dass jeder nur mit mir arbeiten wollte, mich brauchte. Eine Zeit lang war es ja ein angenehmes Gefühl, so gebraucht zu werden, aber mit jedem Tag stieg die innere Anspannung. Die Arbeit verfolgte mich nach Hause. Beim Einschlafen war sie in meinem Kopf, auch beim Aufwachen waren meine ersten Gedanken bei der Arbeit. Nun aber gab es den lang ersehnten Betriebsurlaub, zwei Wochen Ferien!

Mit meinen beiden Kolleginnen ging es zum Schifahren. Frauenurlaub. Wir drei waren eingefleischte Junggesellinnen und wollten es auch bleiben. Uns stand die Welt offen. Wir lachten und sangen im Auto während der Fahrt. Mit unserer Fantasie steckten wir einander immer wieder zu übermütigem lustig Sein an. Wir wollten Spaß und machten Spaß.

Wir lachten über Autonummern oder Straßenschilder, über Plakate oder Firmennamen. So kamen wir bei einem Schild vorbei: *Steinmetz, Gutes aus Fleisch.* Es war ein Metzger mit dem Namen Steinmetz. In einem anderen Ort hieß der Metzger *Grausam.* Auch das Firmenschild eines Bestattungsunternehmens reizte uns zum Lachen. Der Bestatter hieß *Alois Glaubauf.*

Endlich kamen wir am Urlaubsort an. Zu unserem Hotel mussten wir durch den ganzen Ort fahren. Wir kamen an einem Kaffeehaus vorbei. Dort wurden die Kunden mit den besten Muffins weit und breit angelockt. Auf großen schwarzen Schildern stand in weißer Kreideschrift:

Die besten Muffins weit und breit!
Zwischen 12 und 2 – Muffins mal zwei!

Wieder war das Anlass für einen Lachanfall. Wir wussten, um diese Zeit würden wir auf der Schipiste sein, das Angebot war sicher für Pensionisten aus dem Altersheim, die nicht Schifahren wollten oder es gar nicht konnten.

Im Hotel hatten wir ein Zimmer gebucht. Ein Zweibettzimmer mit einem Zusatzbett. Wir wollten auch in der Nacht lustig sein und quasseln bis zum Einschlafen. Eigentlich brauchten wir das Zusatzbett nicht, es war genug Platz im Doppelbett für uns drei. Und sollte wirklich eine von uns mal das Zimmer für eine romantische Stunde alleine brauchen, würden die anderen eben länger an der Bar bleiben oder spazieren gehen. So war es geplant. Schließlich waren wir jung, unternehmenslustig und offen für Spaß. Der erste Abend endete in der Hotelbar beim Tanz. Gerne ließen wir uns von gesetzten Männern zum einen oder anderen Cocktail einladen. Mehr wollten wir allerdings am ersten Abend nicht zulassen. Wir wollten morgen schon zeitig auf die Piste. So geschah es auch. Am nächsten Tag genossen wir unser Frühstücksbüffet. Während der letzten Arbeitstage war ich kaum zu einem Frühstück gekommen. Heute verwöhnte ich mich mit Fruchtsaft zum Kaffee, mit gebratenem Speck und Rührei, mit Käse, Butter und Gebäck. Herrlich! Danach rein in die Wintersportkleidung und ab auf die Piste.

Die Liftkarten hatten wir ebenfalls vorab gebucht, sodass wir uns damit nicht aufhalten mussten. Der klare, kalte und doch sonnige Tag versprach ein wunderschöner erster Schitag zu werden. Am Dreiersessellift ging es den Berg hoch. Danach stand uns mit Schleppliften die gesamte Schischaukel zur Verfügung. Wir genossen den Fahrtwind bei den Abfahrten, wurden von Fahrt zu Fahrt immer mutiger und wählten immer schwierigere Pisten aus.

Plötzlich spürte ich in meinem Bauch ein komisches, drängendes, unaufhaltsames Rühren. War das Frühstück doch zu fett, zu fruchtig oder zu süß gewesen? Ich schaute mich um nach Rettung. Aber auf dieser Piste gab es weit und breit keine Hütte. Ich wusste, ich musste die Abfahrt ganz hinunter fahren und darauf hoffen, dass dort bei der Talstation des Lifts Sanitäre Anlagen wären. Ich konnte mich nicht erinnern, welche gesehen zu haben, als wir hochfuhren. – Das Gefühl in mir wurde jedoch immer drängender, immer fordernder. Ich merkte, ich würde nicht mehr bis zur Talstation fahren können und schaute und suchte. Am linken Pistenrand gab es ein paar niedrige Nadelbäumchen. Es half nichts, ich musste dorthin und mich zwischen diesen Bäumchen niederhocken.

Meinen Freundinnen sagte ich nur, ich würde eine kurze Pause machen, wir sähen uns später unten. Danach schwang ich schon ab und suchte mir zwischen den Bäumchen eine halbwegs uneinsichtige Stelle. Es war so peinlich, aber es musste sein.

Ich blieb stehen, konnte mir allerdings nicht mehr die Zeit zum Abschnallen der Schier nehmen. Rasch öffnete ich die Latzhose. Wir glücklich war ich nun, dass ich heute Morgen nicht den Schi-Overall gewählt hatte, sondern diese Latzhose. Ich konnte die

Träger links und rechts über die Arme runterstreifen, zog mit der Schi-Hose zugleich die warme Strumpfhose und den Slip hinunter, hockte mich nieder und schon ging es los. Montezumas Rache! Fürchterlich! Der Bauch grimmte, Schmerzen strahlten bis ins Gehirn. Was hatte ich Unrechtes gegessen oder am Vortag getrunken?

Plötzlich merkte ich, dass ich meine Schier nicht mehr halten konnte. Sie machten sich selbständig. Aber ich stand noch darauf, das heißt, ich hockte darüber. Langsam aber unaufhaltsam fuhren sie los, quer zur Piste den Hang abwärts. Fürchterlich! Meine Stöcke waren oben geblieben auch meine Haube und die Handschuhe. Ich konnte nicht bremsen. Scham! Furcht! Ich breitete im Rutschen meine Arme nach links und rechts aus und versuchte so zu bremsen. Unmöglich. Ich durfte nicht daran denken, was die anderen Menschen auf der Piste jetzt zu sehen bekamen. Die Tränen schossen mir vor Elend und Scham beinahe senkrecht aus den Augen. Da, eine Bodenwelle. Ich wurde ausgehoben und stürzte ziemlich verdreht in die nächste Mulde. Endstation. Es wurde dunkel um mich.

Als ich wieder zu mir kam, standen Leute um mich herum. Jemand hatte sich meiner erbarmt und meine Blöße bedeckt. Ob ich aufstehen könne, wurde ich gefragt. Es ging nicht. Ich konnte mich kaum bewegen, hatte arge Schmerzen im rechten Bein und ich roch äußerst unangenehm. Ich konnte mich nicht rühren, und ich wollte es auch nicht. Es war so peinlich.

Es dauerte nicht lange, dann wurde ich von zwei freundlichen Männern der Bergrettung in einen Akja gehoben. Da sah ich zum ersten Mal den Hang hinauf, den ich runtergeschlittert war. Welche

Schande, welche Scham überkam mich, als ich den braungelben Streifen sah, den ich auf der Piste hinterlassen hatte. Nun allerdings ging es in Windeseile den Hang hinab bis zu einem Sanitätswagen und mit diesem ins nächste Krankenhaus. Dort wurde ich gesäubert und untersucht. Sehnenzerrung war die Diagnose. Gips. Eigentlich müsste man sagen Kunststoff, denn der Stützverband war aus rosa Kunststoff. Weil ich ein Mädchen sei, meinte der Gipser, nahm er den rosa Verband.

Ich durfte am selben Tag wieder ins Hotel. Ich sollte mich bewegen, ausgehen mit Krücken, an der frischen Luft sein. Schifahren allerdings würde ich die nächsten Tage nicht mehr können.

Meine Freundinnen hatten lange gewartet. Sie hatten auch die Bergrettung gesehen, aber sich nicht gedacht, dass ich es sein könnte, die da den Berg hinunter gebracht wurde. Wie sehr hatten sie Mitleid mit mir. Sie bedauerten mich, dass ich nun nicht mehr zum Schifahren konnte. Wie es allerdings genau zum Unfall gekommen war, erzählte ich ihnen nicht.

Und das war gut so. Wie sehr lachten wir, als wir von fremden Schifahrern meinen Unfall geschildert bekamen. Gottseidank wusste niemand, dass ich der Unglücksvogel gewesen war. Ich schämte mich, kaum dass ich daran dachte, jemand könnte mich erkannt haben.

Die Nächte musste ich ab nun wegen dem Gipsfuß im Zusatzbett verbringen, ich wollte doch niemand mit meinem Verband wehtun.

Die nächsten Tage fuhren meine beiden Freundinnen alleine auf den Berg. Nur beim Frühstück und am Abend waren wir zusammen. Ich hatte jetzt viel Zeit mit mir alleine. Da erinnerte ich mich an das Schild

Die besten Muffins weit und breit!
Zwischen 12 und 2 – Muffins mal zwei!

So humpelte ich in der besagten Zeit in dieses Kaffeehaus, setzte mich an einen Tisch, bestellte Kaffee, manchmal Tee und dazu natürlich einen Muffin. Ich bekam, wie angekündigt, immer zwei Muffins. Und die waren wirklich herrlich. Mal schwarz/weiß, mal mit Frucht, mal glasiert, mal wie ein Biskuit. Ich genoss sie, las eine Tageszeitung oder schaute fern. Auch das Fernsehgerät war ein Service in diesem Lokal. Wenn ich die anderen Gäste im Lokal betrachtete, fiel mir auf, dass wir uns ganz schön geirrt hatten, als wir glaubten, nur Pensionisten würden um diese Zeit hier sein. Die Tische waren immer voll besetzt. Es war ein stetes Kommen und Gehen von Menschen aller Altersgruppen.

Am dritten Tag fiel mir auf, dass der junge Mann am Nebentisch auch schon den dritten Tag da war. Er kam manchmal kurz nach mir, manchmal war er allerdings schon da, als ich eintrat. Er hatte wie ich Kunststoff am Fuß und blieb, wie ich, etwa zwei Stunden am frühen Nachmittag dort.

Blickkontakt hatten wir am dritten Tag. Am vierten Tag, als er wieder nach mir hereinkam, waren die Tische alle besetzt. So fragte er mich, ob er sich zu mir setzen dürfe.

»Warum nicht?«, antwortete ich und machte einen Teil des Tischchens von meiner Tageszeitung frei, damit er auch seine Bestellung unterbringen konnte. Bald war die Zeitung nicht mehr wichtig, auch das Fernsehen wurde uninteressant. Wir beide kamen ins Gespräch. Beruf, Hotel, Familienverhältnisse, Freunde. Nur bei der Ursache für unsere Unfälle waren wir beide nicht gesprächsbereit.

Die Muffins allerdings hatten es uns beiden angetan. Auch er hatte das Schild gelesen und war wegen der Muffins in dieses Lokal gegangen. Und auch jetzt noch, wo wir den zweiten Muffin dem anderen geben hätten können, aßen wir jeder selber unser zweites Stück des wunderbaren Gebäcks. Bald waren wir beim kameradschaftlichen Du angelangt. Kurz darauf verabredeten wir uns zur gemeinsamen Abendgestaltung. Auch er war mit Freunden unterwegs, und auch er hatte einen Schiunfall.

Meinen Freundinnen gefiel meine Eroberung, wie sie sagten, ebenfalls, aber er hatte nur Augen für mich. In der zweiten Woche war es dann so weit. Wieder hatten wir viel gelacht, ein bisschen getrunken, uns viel erzählt, ein wenig getanzt, so gut es mit unseren Gipsbeinen eben ging. Gegen Ende eines langsamen Tanzes schmiegte ich mich ein wenig enger an ihn. Er verstand, legte seine Arme fest um mich und küsste mich. Was für eine Explosion. Die Welt ging um mich unter, wurde wieder strahlend hell durch ihn, als ob die Sonne neben mir aufginge. Seine Wärme umhüllte mich, drang in mich, ließ mein Herz bis zum Halse schlagen. Ich zerfloss vor Liebe.

Nach der ersten gemeinsamen Nacht in seinem Zimmer, wollte er doch wissen, welchen Umständen wir unsere Bekanntschaft zu verdanken hätten. Ich schämte mich so, wollte es nicht erzählen. Meine Erklärung waren die magischen Muffins, die mich bei der Ankunft schon so angezogen hatten, dass ich anscheinend diesen Schiunfall erleben musste, um zu den Muffins zu kommen.

Er erzählte mir von seinem Unfall. Er sei am ersten Tag den Berg hochgefahren, habe die klare Aussicht genossen, auch die Luft, die um seinen Kopf strich. Da kam plötzlich ein Schifahrer aus einem kleinen Waldstück in tiefer Hocke herausgefahren und färbte die Piste mit einem braungelben Streifen hinter sich. Er war von diesem Anblick dermaßen fasziniert und abgelenkt, dass er selber eine Mulde übersah, stürzte und von Sanitätern versorgt werden musste. Auch er hatte eine Zerrung, allerdings hatte er einen blauen Kunststoffverband bekommen, schließlich passte das Rosa nicht so gut zu ihm.

Nun schämte ich mich noch mehr, wollte nicht von meinem Unfall erzählen. Aber er ließ nicht locker, hielt mich in seinen Armen und meinte, er liebe mich, ich könne ihm doch erzählen wie ich zu meiner Zerrung gekommen sei. – Da gestand ich ihm, dass ich die Schifahrerin gewesen war, die ungewollt ihn zu seinem Unfall verholfen hatte.

Er verstand es zuerst nicht, dann aber lachte er befreit. Wir lachten beide und lachen heute noch, wenn wir zusammen sitzen und uns an unsere erste Begegnung erinnern. Aber außer uns hat nie jemand erfahren, weshalb unser erstes Treffen passierte. Weder unsere Freunde noch unsere Kinder wissen es. Es soll unser Geheimnis bleiben.

Doch alle wissen von den magischen Muffins aus dem Kaffee, wo wir das erste Mal miteinander geredet hatten. Noch heute sind Muffins ein fester Bestandteil jeder Familienfeier so wie nächste Woche, wenn wir den zehnten Hochzeitstag haben.

Kirschen pflücken

Schon blöd, wie das Leben einem mitspielt. Wir waren ein eingespieltes Team, und jetzt? Jetzt sind sie weg, alle drei. Warum musste sich ihr Papa eine neue Frau suchen, die so weit weg wohnt und nicht umziehen mag? Wir sechs waren zusammengeschweißt durch unendliche Stunden, in denen wir gemeinsam gespielt hatten. Ob es windig kalt war und regnete, ob es heiß war, alles konnten wir ertragen, wir hatten uns.

Uns? – Ja, dieses *Uns* ist nun vorbei.

Vor drei Jahren war die Mutter der drei Nachbarskinder verstorben. Sie war nur eine Nachbarin, aber meine Schwestern und ich sagten *Tante* zu ihr, so wie ihre drei Kinder *Onkel* und *Tante* zu meinen Eltern sagen. Ihr Tod hat uns sechs noch mehr zusammengeschweißt. So viel Zeit spielten wir in unseren Gärten und rundherum in der Natur, beim Bach, in der Au und auch beim kleinen Fluss.

Wir sechs? Das sind meine beiden jüngeren Schwestern Johanna und Monika und ich, Benjamin, und die Nachbarskinder, Karli und Franzi und ihre Schwester, Elisabeth, zu der alle Sissi sagen. Johanna und Karli sind ungefähr gleich alt, auch Monika und Franzi. Sissi ist ein halbes Jahr älter als ich. Ich bin 14 Jahre alt, die beiden jüngeren, Johann und Karli werden heuer noch elf, Monika und Franzi sind schon zwölf, beinahe 13.

Sissi und ich gingen schon gemeinsam in den Kindergarten und dann in die Schule. Wenn auch die anderen Kinder manchmal lachten, war uns das egal, wir gehörten zusammen wie Geschwister. Beim Vater-, Mutter-, Kind-Spiel waren wir beide immer die

Eltern. Das war schön, aber auch manchmal ziemlich anstrengend, wenn *unsere Kinder* uns nicht folgen wollten. Schließlich waren wir beiden *Großen* ja wiederum unseren Eltern gegenüber verantwortlich, damit wir alle immer rechtzeitig und gesund daheim waren. – Eine schöne Zeit.

Und nun? – Alles aus. Vorbei! Ende!

Ja, wir werden uns manchmal besuchen, ja, wir werden Briefe schreiben und vielleicht können wir uns in den Ferien bei uns auf eine Woche treffen, aber es ist nicht mehr so wie früher. Warum konnte der Onkel Nachbar nicht eine Frau finden, die bei uns in der Nähe wohnt?

Rasch war das Nachbarhaus verkauft. Ich habe die neuen noch nie gesehen. Aber ich habe gehört, dass es ein älterer Herr mit seiner um 20 Jahre jüngeren Frau gekauft hat. Er verdient sein Geld mit dem Handel von Grundstücken und Häusern.

Ganz schnell haben sie an der Grenze zu unserem Grundstück eine relativ hohe Mauer aufgestellt, so circa drei Meter ist die hoch. Jetzt können wir nicht mehr hinüberschauen. Alle Plätze, wo wir vor einem halben Jahr noch gespielt hatten, sind uns nun verborgen.

Mama hat mir gesagt, ich soll hinübergehen und Kirschen holen, sie möchte einen Kuchen backen. Früher war diese Jahreszeit so Anfang Juni immer eine Zeit mit viel Spaß. Wir alle sechs kletterten oft auf den Kirschbaum beim Nachbarn und aßen uns oben schon satt. Aber heute, so ganz alleine, weiß ich nicht, ob ich mich darauf freuen soll.

»Ben, geh bitte rüber und bring mir diesen Korb voll Kirschen, die Nachbarin freut sich, wenn du ihr beim Pflücken hilfst!«, mahnt mich Mama wieder.

Also, dann zieh ich los mit dem Korb. Den nehmen sonst meine Schwestern zu Fronleichnam und füllen ihn mit Pfingstrosenblütenblättern, die sie in der Prozession auf den Weg streuen.

Was mir schon wieder alles durch den Kopf geht. Ich mag nicht hinüber, aber Mama braucht Kirschen, und ihr Kuchen ist immer ein echter *Spuck-Kuchen*, den wir nur im Garten essen dürfen. Wir üben dann, wer die Kerne am weitesten spucken kann.

Die Glocke beim Nachbarn ist immer noch dieselbe wie früher. Die Tür geht auf.

Wow! Ist das die Nachbarin?

»Ich bin der Ben von drüben, ich soll beim Kirschenpflücken helfen. Meine Mama schickt mich her!«, stammle ich.

Mir fallen beinahe die Augen aus dem Kopf.

Was ist das für ein Wesen? Relativ klein und schlank, so etwa 160 cm groß. Ich denke, sie wird mir bis zum Hals gehen. Ja, ich bin schon sehr groß, über 180 cm wurde ich heuer in der Schule gemessen, und das ist für die achte Schulstufe schon enorm. Darum sagen alle *Big Ben* zu mir. Mama ist froh, dass ich so groß bin, ich darf ihr in Küche und Haus alles von oben runtergeben. Dafür brauche ich keine Leiter, auch beim Obst pflücken kann ich sehr viel ohne Leiter erledigen. –

»Ich bin Veronika, deine neue Nachbarin, aber sag doch Vroni zu mir!«, höre ich aus weiter Ferne. Ich schaue sie immer noch an. Sie hat Sandalen an den Füßen und ein weißes Etwas am Körper, aber ob das ein großes weites Leiberl ist, oder ein kurzes Kleid, kann ich nicht erkennen. Es hat einen runden Ausschnitt, der gewisse Einblicke zulässt.

So ist es deutlich erkennbar. Sie ist eine Frau. Ihre ins Auge stechenden runden weiblichen Kennzeichen haben harte Knospen. Ich muss ihr belämmert erscheinen, wie ich so auf ihr Kleid starre, also hebe ich meinen Blick und schau in ihr Gesicht.

Da strahlen mich unter wirklich langen Wimpern zwei leuchtend blaue Augen an.

»Ich freu mich, dass du da bist«, sagt sie, »komm rein, dann kannst sehen, was wir schon alles verändert haben!«, öffnet die Zauntür und wartet, bis ich drinnen bin.

Dann geht sie voraus am Haus vorbei gleich in den Garten.

»Schau, hier wollen wir ein Schwimmbecken bauen lassen!«, deutet sie zur Mauer, die jetzt unser Grundstück von ihrem abtrennt. Eine rein weiße Mauer, genau so weiß wie ihr Gewand. Davor stecken Stöcke im Boden mit Schnüren verbunden. So groß würde ihr Schwimmbad werden? – Ein Traum!

Mit einem Blick erkenne ich rundherum, was es alles nicht mehr gibt.

Der Gemüsegarten ist weg, überall nur noch Rasen, aber der Kirschbaum, der steht noch am alten Platz. Ich lasse kurz den Kopf hängen, denn auch das Hochbeet am Ende des ehemaligen Gemüsegartens gibt es nicht mehr. Gerade dieser Platz barg so viel Erinnerung. War doch dort daneben der Komposthaufen gewesen, und beides schirmte uns ab, wenn Sissi und ich dahinter mit unseren Büchern im Gras lagen, aber nicht lasen, sondern unsere Köper mit den Händen erforschten. Ich darf nicht auf diese Stelle hinschauen, ich könnte sonst wieder aus der Erinnerung heraus erschauern, und was würde sich die Nachbarin denken?

Die lässt mir die Zeit, mich umzuschauen, dass ich alles auf mich wirken lassen kann, dann fragt sie:

»Und? Wie gefällt es dir?«

Was soll ich antworten, dass ich enttäuscht sei, weil alles verändert ist? Dass mir meine Gefährten so sehr fehlen, so dass ich auf der Stelle umdrehen möchte, mich zu Hause im Bett verstecken möchte, um zu weinen? Das würde sie nicht verstehen, also antworte ich:

»Interessant! – Braucht ihr keinen Gemüsegarten? Ihr habt jetzt überall nur Gras, wer pflegt das?«

»Nein, die Arbeit im Garten tu ich mir nicht an, da werden meine Nägel kaputt, und den Rasen soll ein Gärtner machen. Oder möchtest du dir ein paar Schillinge verdienen?«

Sie ist wie viele Menschen, denen ich begegne. Weil ich so groß bin, glauben alle, ich bin schon viel älter. Also sage ich nur:

»Ich geh doch noch zur Schule, und ich weiß nicht, ob ich dafür genügend Zeit habe.«

Dann wende ich mich zum Kirschenbaum, laufe hin und möchte schon raufklettern, wie ich es gewohnt bin, da höre ich ein:

»Stopp, Ben, wir nehmen die Leiter!«

Zwar weiß ich nicht, warum wir die Leiter brauchen, schließlich war ich hier schon ein paar Jahre ohne Leiter zum Kirschenpflücken, aber sie ist die Chefin, also hole ich die Leiter hinter dem

Haus her. Es ist eine mehrteilige Leiter, die man auseinander schieben kann, wenn man hoch rauf möchte.

Kaum habe ich die Leiter in den Kirschbaum gelehnt und möchte mit dem Pflückkorb hochklettern, werde ich wieder gebremst. Sie will selber hinauf in den Baum, ich soll nur die Leiter halten. – Was soll ich sagen, sie ist die Chefin, also bleibe ich geduldig stehen, halte die Leiter fest und warte, dass sie an mir vorbei hochklettert. Anschauen darf ich Veronika aber nicht, zu sehr werde ich von ihren Formen abgelenkt. Trotzdem merke ich, dass ich durch ihre weiten Ärmel an der Seite bis hin zu ihrer weichen Haut sehen kann.

Wow, und was ist das für ein Duft? Die schaut nicht nur gut aus, die riecht auch wirklich überraschend gut. Mit Düften habe ich noch nie Erfahrung gemacht. Ihr Duft bleibt mir hier unten direkt in der Nase hängen. Ob sie es merkt, wenn ich sehr intensiv schnüffle? Mein kleiner Ben bemerkt alles, hat sich mit Blut gefüllt, der lässt sich nicht so leicht ablenken. Ich beuge mich leicht nach vor, sie soll nicht sehen, wie dies alles auf mich wirkt.

Vielleicht hilft es, wenn ich das große Einmal Eins in Gedanken wiederhole, oder wenn ich mir die Formeln für die geometrischen Körper in Erinnerung rufe.

Ich hänge so meinen Gedanken nach, halte die Leiter fest und erinnere mich auch an jeden Handgriff, den ich früher geübt habe, als wir ohne Leiter im Baum saßen und uns die Bäuche mit Kirschen vollschlugen.

Da fällt etwas auf meinen Kopf.

»He! Was soll das? Bitte pass auf!«

Aber sie lacht nur:

»Du bist so still, ich möchte dich doch nur aufmuntern. Magst ein paar Kirschen naschen?«

»Gerne! Wir haben früher immer gleich am Baum gegessen!«, rufe ich zurück und blicke hoch. Sie steht etwa vier Leitersprossen über mir und wirft mir ein paar Kirschen herunter. Ich muss aber gegen die Sonne schauen und kann die Früchte nicht fangen. Da lässt sie den Pflückkorb an einem Strick herab. Ich soll den Korb in den Kübel leeren und kann daraus naschen.

Gesagt getan. Als sie den Korb wieder hochzieht, schaue ich ihm nach.

Was ist das? Etwas blendet mich. Zuerst denke ich, dass die Sonne, die durch ihr Kleid scheint, ihre Wäsche etwas durchsichtig gemacht hat, aber nein, ich glaube, so wie ich das jetzt sehe, sie hat gar keine Unterwäsche an. Das habe ich noch nie so gesehen, das heißt noch nie in Natur, nur auf Bildern von speziellen Zeitschriften, die erst gestern ein Schulkamerad mitgebracht hat.

»Bitte, jetzt achte besonders auf die Leiter, ich möchte einen Fuß in den Baum stellen!«, höre ich von Veronika. Natürlich schaue ich wieder hoch, wie sie jetzt mit dem rechten Fuß auf der Leiter steht und mit dem linken Fuß einen großen Schritt in den Baum macht. Und jetzt bin ich mir sicher, sie hat nichts an, nur das lange Leibchen und ihre Sandalen.

Ich kann alles genau sehen, mag meine Blicke nicht lösen, möchte aber auch nicht beim Starren erwischt werden. Merkt die das nicht? Mein Blut beginnt zu kochen, mein Kopf muss hochrot sein. Auch der kleine Ben hat sich wieder sehr intensiv in

Erinnerung gebracht. Ich versuche mich auf die Kirschenernte zu konzentrieren.

»Soll ich den Korb wieder ausleeren?«, frage ich nach oben. Ja, sie lässt den Korb wieder herunter. Wie flink sie den wieder gefüllt hat, muss ich neidlos anerkennen. Sie verharrt in ihrer sicheren Stellung auf Leiter und Baum, hält sich an einem Ast und an der Leiter fest und wartet, dass ich ihr den leeren Korb wieder hochschicke. Nun darf ich sie wieder am Fuße des Baumes sichern. Natürlich nutze ich die Gelegenheit, natürlich muss ich immer wieder hinaufschauen, die Anatomie der Frau betrachten. Härchen kann ich nicht erkennen.

Es dauert nicht mehr lange, dann kommt sie die Leiter herab. Ihr Leiberl ist nun von den Kirschen bunt gezeichnet, und sie hat sich mit Kirschenzwillingen geschmückt. Ein Paar hängt an jedem Ohr, als ob sie Ohrringe wären. Andere Kirschenpaare hat sie dicht nebeneinander auf ihren Ausschnitt gehängt. Eine Kirsche ist innen auf der Haut, die andere hängt vorne am Leiberl raus. Das schaut jetzt wie eine orangerote Perlenkette aus. Sie bemerkt meinen Blick.

»Ja, die habe ich mitgenommen zum Naschen. Sie schmecken so gut. Kannst dir auch welche davon nehmen!« Dann schaut sie zum Pflückkorb und zum Kübel:

»Haben wir genug?«, fragt sie und »war das Sichern der Leiter so anstrengend, du hast ja einen ziemlich roten Kopf?« Dabei blickt sie aber in die Richtung vom kleinen Ben. –

»Nein, lass die Leiter gleich am Baum lehnen, wenn mein Mann heimkommt, wird er sicher auch ein paar Kirschen frisch vom

Baum naschen wollen.« Sie duftet nun nicht mehr so intensiv, eher ein wenig nach Schweiß.

Langsam beruhigt sich mein Atem. Ich bedanke mich, nehme unseren Korb, der mit Kirschen voll ist und möchte gehen. Auch von den Kirschen aus ihrem Ausschnitt möchte ich keine nehmen, da würde mich der kleine Ben verraten.

»Musst du schon weg?«, fragt sie, »magst nicht noch ein wenig hier bleiben?«

»So lange ich nicht gerufen werde, kann ich noch bleiben!«, antworte ich.

Dann erklärt sie mir, warum sie diese hohe Mauer gebaut haben:

»Weißt du, mein Mann und ich sind FKKler , da wollen wir aber die Nachbarn nicht belästigen, darum haben wir diese Mauer zu euch aufgestellt, außerdem kommt hier dann das Schwimmbad hin. Momentan haben wir nur diese Gartendusche.«

»Aha«, sage ich. Zwar weiß ich nicht welcher Verein das ist, FKK, ich bin ja eher ein Rapidler, auch sehe ich an der Mauer keine Tore eingezeichnet, aber das kann mir ja egal sein.

»Ich möchte noch rasch duschen, das Wasser im Gartenschlauch ist sicher gut aufgeheizt. Drehst du mir das Wasser auf, wenn ich unter der Dusche stehe?«

»Mach ich!«. Ich weiß ja noch, wo der Absperrhahn ist und gehe zum Haus. Da höre ich hinter mir ein »Geht schon!«, ich öffne das Ventil und drehe mich um.

Da steht Veronika splitterfasernackt mitten im Rasen neben der Mauer und wäscht sich, als ob sie alleine wäre. Nun aber schaue ich hin, lass mir nichts entgehen, und es scheint sie nicht zu stören. Ungeniert wäscht sie sich unter ihrem Busen, auch im Schritt.

»So, jetzt fühle ich mich wieder sauber, ich rieche nicht mehr nach Schweiß!« ruft sie zu mir, und wickelt sich in ein Handtuch.

»Magst auch rasch duschen, das Wasser ist noch genügend warm!« Das ist mir nun doch zu viel, ich winke ab.

»Ich glaube, meine Schwestern rufen schon, ich muss nach Hause!«

Und wirklich, nun höre ich meine Mutter deutlich:

»Ben! Wach auf! Hol uns doch Kirschen von drüben. Sissi ist draußen, sie sagt, die Kirschen sind schon reif!«

Ich blicke um mich herum, ich liege auf meinem Bett. Hab ich das alles geträumt? Und Sissi ist draußen und wartet auf mich?

Rasch ins Bad, die Augen frisch gemacht, dann zum Fenster. Tatsächlich, keine Mauer steht am Nachbarsgrund, ich habe alles nur geträumt.

Rasch hole ich den Korb, mit dem meine Schwestern zu Fronleichnam die Blütenblätter streuen, zeige ihn meiner Mama und frage:

»Genügt es, wenn ich den Korb fülle?« Sie nickt nur und sagt,

»Ben, jetzt aber rasch, Sissi wartet noch.«

Ist das eine Freude, Sissi steht am Straßenrand und plaudert mit Johanna und Monika. Sie ist real, sie ist da, auch ihre beiden Brüder sind da.

»Stell dir vor, Papa hat eine neue Frau gefunden, er wird sie heiraten«, platzt sie mit ihrer Neuigkeit heraus, kaum dass wir losgehen.

»Und? Werdet ihr fortziehen?«, stelle ich meine Frage, weil ich immer noch an den Traum von vorhin denken muss.

»Nein, sicher nicht. Sie heißt Maria, wie meine verstorbene Mutter, und sie wird zu uns ziehen.«

Jetzt bin ich aber beruhigt, Gott sei Dank geht der Traum nicht in Erfüllung.

»Du, Sissi, kennst du den Verein FKK?«

»Aber Ben, FKK ist kein Verein, FKK bedeutet Freikörperkultur. Das sind Menschen, die am liebsten nackt herumlaufen, die nackt baden. Ich habe das erst letzte Woche gelesen. Wieso fragst du?«

»Sissi, ich habe so einen dummen Traum gehabt, da kam das Wort FKK auch vor. Vielleicht haben wir einmal Zeit ohne unsere Geschwister, dann erzähle ich dir von diesem Traum. Bin ich froh, dass ihr alle hier seid. Komm, klettern wir auf den Kirschbaum, Mama wartet ja schon auf die Kirschen!«

Am Friedhof

Wer kennt nicht das Gefühl, man wird intensiv angeschaut, man weiß aber nicht, von wem? Gänsehaut läuft über Arme, Beine und Rücken. Unwillkürlich hält man den Atem an, schaut sich wie zufällig um, erkennt niemanden und fühlt immer noch, da ist jemand! Jede Faser des Körpers, jedes Härchen sendet dieses Signal aus.

Ich bin auch manchmal ein ängstlicher Mensch, mir ergeht es so, wie vielen anderen Menschen auch. Gänsehaut, Schauer, stockender Atem sind mir nicht unbekannt.

Aber als denkender Mensch versuche ich den Dingen auf den Grund zu gehen, versuche ich die vermeintliche Bedrohung zu erkennen, ja, versuche ich, wenn möglich, mich der Gefahr zu stellen, um ihr so die Kraft der Überraschung zu nehmen. Allerdings gelingt das nicht immer.

Einmal in der Woche sind meine Frau und ich bei meiner Tante, der jüngsten Schwester meiner verstorbenen Mutter. Diese Tante ist schon über 80, und wir kümmern uns ein wenig um sie. So besuchen wir sie jeden Dienstag, Meine Frau richtet die Tabletten für die nächste Woche her, wir planen mit Tante gemeinsam den Einkauf und schauen, was sonst noch zu erledigen ist.

Fixpunkt an den Dienstagen ist der Besuch am Friedhof. Drei Gräber werden mit Lichtern versorgt. Grabkerzen und Batterien für die lang leuchtenden elektrischen Grablichter sind immer in unserer *Friedhofstasche.*

An Wochentagen ist vormittags der Friedhof mit dem Auto

befahrbar, wenn man besonders alt ist oder einen Behindertenausweis hat. Man muss nur rechtzeitig vor Mittag wieder aus dem Areal rausgefahren sein.

Wir fahren also beinahe jeden Dienstag zu den Gräbern. Wir besuchen ihren verstorbenen Mann und im Nebengrab dessen Schwestern. Am weitesten vom Eingang entfernt ist das Grab, in dem die Eltern unserer Tante, meine Großeltern, begraben sind. Es wurde später von meinem Onkel übernommen, der mit seiner Frau auch dort bestattet ist. Eigentlich müsste sich Tante darum nicht umschauen, weil die Kinder von ihrem Bruder dafür zuständig wären, aber sie möchte unbedingt hin und eine Kerze anzünden. So fahre ich mit unserem Auto in die Nähe, dass sie nicht zu weit gehen muss.

Jedes Mal, wenn wir vom Hauptweg abweichen und rückwärts in den Seitenweg reinfahren, schlagen die Rückfahrsensoren unseres Autos an.

Am Anfang haben wir das mit »Es wird ein Grashalm sein!«, oder »Da ist sicher ein Tier vorbeigehuscht!« abgetan. Aber als uns bewusst wurde, dass dieses Anschlagen der Sensoren jedes Mal vorkam, wurden wir neugierig.

Wir stoppten nun die Fahrt, stiegen aus und schauten, was dafür in Frage käme, wovor uns die Sensoren warnten. Wir fanden nichts. Weit und breit war kein hervorstechender Grashalm, kein Grabstein war im Bereich der Sensoren, auch kein Getier war zu sehen. Komisch, unerklärlich!

Auch in den Wochen danach kam immer an derselben Stelle die Warnung der Sensoren. Wir überlegten, was das sein könnte.

Ich frage mich, ist es möglich, dass die Sensoren so fein eingestellt sind, Dinge zu erkennen, die dem menschlichen Auge verborgen sind? So, wie ein Hund das Geräusch der Hundepfeife hören kann, wir Menschen aber nicht? Oder wie eine Fledermaus, die anscheinend ein Sonarsystem verwenden kann, ähnlich einem Echolot, das wir Menschen nicht hören?

Ist es möglich, dass am Friedhof immer an derselben Stelle für uns Menschen unsichtbare Wesen von unserem Auto bemerkt werden? Könnten das Geist-Wesen sein?

Wo sonst, wenn nicht am Friedhof, sollte man mit Geistern rechnen können.

Wir haben jedenfalls immer wieder nachgesehen, ob wir nicht doch eine andere Erklärung finden könnten. Erfolglos!

Wenn wir jetzt jeden Dienstag durch diese Stelle fahren, stört es uns schon nicht mehr. So sind wir Menschen. Wir leben auch mit unerklärlichen Dingen, sobald wir realisiert haben, dass sie uns nichts Böses tun wollen.

Manchmal lachen wir über diesen *Geistwechsel* und überlegen, dass eventuell ein in der nächsten Gasse begrabener, ehemaliger Arzt seine Sprechstunde vormittags abhält und wir durch die Schlange der dort wartenden Patienten fahren. – Brrr! Alleine dieser Gedanke lässt mir schon wieder das Herz rascher schlagen, meinen Atem beschleunigen und auf Rücken, Armen und Beinen Gänsehaut entstehen.

Trotzdem! Auf zum nächsten Friedhofsbesuch! Bald ist wieder Dienstag.

Die Macht der Steine

Wieviel tausend Jahre hat es gedauert, bis der Stein aus seinen Grundbaustoffen zusammengepresst war. Und wie viele Jahre danach, bis er den Weg aus dem Erdinneren an die Oberfläche fand. Was hat er dabei alles erleben dürfen, was erleben müssen? Wenn der Stein reden könnte, was würden wir da erfahren?

Aber Steine können nicht reden, und trotzdem können sie auf uns einwirken.

Ja, auf uns wirken und das nicht erst durch den gezielten Wurf eines Menschen, der uns Böses zufügen möchte. Nein, der Stein wirkt schon durch sein Dasein, durch seine Präsenz. Mit all den Erfahrungen, all den Erlebnissen, die er hinter sich hat, trägt er als Friedensbringer dazu bei, dass wir Menschen bei unseren Bemühungen um Frieden unterstützt werden.

In früheren Generationen fühlten die Menschen eher, dass sie die Härte des Steines als Waffe nutzen könnten und taten dies auch immer wieder. Doch den Steinen war das zuwider. In ihrer Passivität und in ihrem kollektiven Zusammenhalt sehen sie ihre Bestimmung auf unserem Planeten.

Diese unendlich lang dauernde Passivität finden wir zum Beispiel um manchen Hals von Frauen. Je stärker der Stein einem Druck ausgesetzt war, umso qualitätsvoller kann seine Ausprägung zur Geltung kommen. Denken wir nur an Diamanten oder an ähnlich harte Steine, die von den Menschen als Schmuck verwendet werden.

Der kollektive Zusammenhalt auch von Steinen unterschiedlicher Materialien manifestiert sich in den hoch aufragenden Felswänden der Berge, aber auch in den Bauwerken, die Wasser, Wind und Wetter trotzen. Als Beispiele dafür kennen wir Staudämme, Wildwasserverbauungen, Häuser, Mauern und viele andere Bauwerke.

Aber all das zeigt noch nicht die gewaltigste Kraft, die von Steinen ausgeht.

Steine erinnern uns an ihre Kraft, wenn wir sie um den Hals tragen, oder einfach in die Hosentasche einstecken. Besonders aggressive Lebewesen, ich meine eigentlich denken könnende Lebewesen, also Menschen, die von der Macht der Steine erfahren haben und stets einen Stein eingesteckt haben, können durch dieses Bewusstsein ihre Aggressivität in Zaum halten. Im Moment des überschäumenden Aggressionspotentials spüren sie ihren Kraftstein am Oberschenkel und bremsen sich ein. Manchmal genügt ein verstohlener Griff von außen auf den Stein in der Hosentasche, und schon kann man sich einbremsen, seine aufbäumende Aggressivität zügeln und mit dem Gegenüber ein sachliches Gespräch führen.

Diese Macht, die die Steine haben und uns zur Verfügung stellen, kann jeder von uns ausprobieren. Wenn du in der Natur unterwegs bist, findet dich der Stein, der zu dir gehört. Du siehst ihn und weißt, das ist er, das ist dein Begleiter für die nächste Zeit, das ist die Quelle deiner eigenen Kraft, um dich im Umgang mit dem Gegenüber zu beherrschen. Dann nimmst du ihn hoch, befühlst ihn, spürst dich in ihn hinein. Sobald du merkst, ihr gehört zusammen, hast du auch den richtigen Platz für ihn. In der Hosentasche, an einer Schnur um den Hals, oder sonst wo. Hauptsache, du kannst ihn mit deinem größten Organ spüren, mit deiner

Haut. Du wirst sehen, dein Stein begleitet dich ab nun durch dein Leben, so lange er gebraucht wird. Lass auch du dich darauf ein und nütze die Kraft deines Steins zum Erhalt und zur Bewahrung deines Friedens. Es liegt an dir!

Energiespender

Gerade ist mir eine Batterie begegnet. Beim Aufräumen meiner Schreibtischlade hat sie sich mir aufgedrängt. Kaum halte ich sie in meiner Hand, strömen Gedanken, Ideen durch mich.

Wie oft bin ich in letzter Zeit energielos? Wie oft frage ich mich, wie ich meine Akkus wieder auflade? Das Schläfchen am Nachmittag sollte mir Kraft geben, mich ermuntern, aufwecken. Doch kaum bin ich wach, umfängt mich neue Müdigkeit. Es hat nichts genutzt. So suche ich häufig wieder meinen Zufluchtsort, das Schlafzimmer, auf. Dort im Bett warte ich, dass die Zeit vergeht und ich schlafen darf, schlafen kann.

Woher also nehme ich neue Energien? Warum gibt es keine Batterien für Menschen, keine externen Kraftquellen?

Kann es sein, dass zu viel Schlaf genau diesen kostet? Wie funktioniert das Power-Napping? Ein kurzer, intensiver Schlaf und dann wieder hellwach und aktiv sein? Ob man das lernen kann?

Komisch, wenn ich etwas vorhabe, wie heute, wenn ich an einem Problem arbeite, das mich fesselt, habe ich kein Problem mit meiner Energie.

Aber wer weiß, vielleicht erfinden unsere Wissenschaftler Möglichkeiten zum externen Energie-Tanken. Vielleicht entwickeln sie eine Schnittstelle zwischen Mensch und Batterie?

Ob das mein Problem lösen könnte? – Ich stelle mir einen USB-Anschluss vor im Nacken als Verbindung zum zentralen

Nervensystem. Oder einen Anschluss am Arm, sodass man nur den Arm auf den Energiespender zu legen braucht, schon wird man aufgeladen. – Oder vielleicht funktioniert es auch ohne Kabel, ähnlich dem kabellosen Handy-Laden? – Egal, wie es funktionieren wird, eine Möglichkeit zum Energie-Tanken könnte sich als tolle Investition erweisen.

So wie mir geht es sicher vielen Menschen. Wenn wir diese Antriebslosigkeit in den Griff bekommen, wird sich die Menschheit noch rasanter weiterentwickeln.

So aber halte ich nur diese Batterie in meiner Hand und träume. »In unseren Träumen wird die Zukunft geboren«, heißt es. Wer weiß, vielleicht kommt bald die Zeit, in der mein Traum von eben verwirklicht wird.

Kraftplätze

Jeder, der einmal einen eigenen kleinen Garten hatte mit Erdbeeren, der weiß, dass diese sich mit Wurzeltrieben selber vermehren. Diese Triebe gehen von der Hauptpflanze weg und ziellos in den Garten, in die anderen Beete hinein.

Scheinbar ziellos vermehren sich auch die Büsche und Bäume im Wald, wenn man als Bewirtschafter der Forstpflanzen nicht eingreift. Aber neueste Untersuchungen haben ergeben, dass dieser so genannte *Wildwuchs* nur scheinbar ist. In Wirklichkeit folgen diese Bestrebungen zur Fortpflanzung einer uralten Gesetzmäßigkeit, den Kraftlinien auf unserer Erde.

Von Kraftplätzen haben sicher schon die meisten Menschen gehört. Bei diesen besonderen Plätzen können besonders emphatische Menschen die Energie der Natur fühlen, wie sich diese Energie aus dem All auf die Erde herniedersenkt und von ihr wieder reflektiert wird.

Solche Kraftplätze haben schon unsere Vorfahren gewusst. Dort wurden die Andachtsstätten und Opferstätten für die Naturgötter gebaut. Oft wurden an diesen Plätzen steinerne Altäre aufgestellt, manchmal Gebäude und später sogar Kirchen darüber errichtet. Viele dieser besonders energiegeladenen Plätze sind aber bis heute ungekennzeichnet. Manche Wünschelrutengänger oder eben besonders empfindsame Menschen erspüren diese Stellen.

Wer schon einmal mit Eisenfeilspänen die Kraftlinien eines

Magneten beobachtet hat, kann sich nun vorstellen, wie die so genannten Kraftlinien der Erde diese Kraftplätze verbinden. An besonderen Schnittpunkten dieser Kraftlinien befinden sich die heiligsten Stätten unseres Planeten.

Ob das der Petersdom im Vatikan ist, die Kaaba in Mekka, das Heilige Grab in Jerusalem, Lumbini, der Geburtsort von Siddharta Gautama, dem ersten Buddha, oder die heiligsten Orte der Hindus, oder auch jene der Indios Südamerikas, sie alle befinden sich auf den besonderen Schnittpunkten der Kraftlinien, der Verbindungslinien unserer irdischen Kraftplätze.

Empfindsame Menschen fühlen an diesen Plätzen seit jeher, wie diese von Energie durchflossen sind. Auf dem Weg vom All zur Erde und wieder zurück ins All durchströmt diese Energie alles Lebende, das sich an den Kraftlinien befindet, Pflanzen, Tiere und Menschen. Und weil diese Energie an den Kraftplätzen besonders wirkt, ist alles Lebende bestrebt zu eben solchen Plätzen zu gelangen. Und das ist der Grund, warum alle Pflanzen, die sich durch Triebe aber auch durch Sämlinge vermehren, versuchen entlang dieser Linien zu den Kraftplätzen zu gelangen.

Nachgewiesen wird diese Theorie durch die neuesten Beobachtungen und Berechnungen der Statistiker.

Man kann aber dieses Strömen der Energie auch durch andere Methoden sichtbar, messbar machen. Viele Autos haben heutzutage Sensoren, die beim Rückwärtsfahren anschlagen, sobald sich ein Hindernis im Empfindlichkeitsbereich der Sensoren befindet. Nun kommt das vor, dass diese Sensoren ein Hindernis anzeigen, obwohl nichts sichtbar ist, was Ursache diese Reaktion sein könnte. Anscheinend erkennen die Sensoren auch die Energieströme, die hinter unseren Fahrzeugen für das menschliche Auge unsichtbar wirken.

Lassen wir uns darauf ein, nutzen wir unser *Bauchauge*« unser emphatisches Sinnesorgan und nehmen wir diese Energie auf als eine Art Nahrung für unsere Seele, indem wir uns an den Kraftpunkten öffnen. Rote, gelbe und weiße Strahlen der Energie, für das übliche Auge unsichtbar, durchströmt uns dort und macht aus jedem einzelnen von uns eine Art Lichterprinz, bereit jenen anderen Menschen zur Seite zu stehen, die nicht dieselbe Empfindlichkeit, nicht das selbe Gespür haben.

Autonomes Fahren

Einmal durchgemacht, einmal durch die Gasthäuser und Bars gezogen, einmal die Sau rausgelassen haben, Stoff für lebenslange Erinnerung. – Ob das der Grund war für meinen Absturz? Oder war er genetisch bedingt? Schließlich hatte ein Cousin meines Vaters seinen gesamten Betrieb versoffen. – Was immer der Auslöser war, ich kann mich nicht mehr erinnern. Ich weiß nur noch, dass ich mich unbedingt übergeben musste und dass ich dann irre müde gewesen war, liegen wollte, schlafen wollte, aber nicht wusste, wo.

Dann entdeckte ich es. Es war ein Cabrio mit offenem Verdeck. Das vorderste in einer Reihe von Cabrios. Klein aber einladend. Weit und breit war kein Mensch zu sehen. Rasch kletterte ich hinein und mummelte mich rein. Es war wirklich klein, beinahe zu klein, aber das war mir dann doch egal. Schlafen! Einfach mich fallen lassen!

Dann wurde ich wach. Der Wagen ruckelte, fuhr plötzlich. Fast geräuschlos war er weggefahren. Es ging bergauf, langsam aber stetig bergauf. Gespenstisch! Niemand da, nur ich. Aber ich hatte sicher nicht gestartet. Wo ist denn der Startschlüssel, wo ist die Bremse? Ich trat auf das Bremspedal, keine Reaktion. Ich wollte das Fahrzeug lenken, es irgendwo an eine Böschung lenken, damit ich rauskommen könnte, aber das Gerät ließ sich nicht lenken, egal wohin ich den Lenker auch drehte, es blieb stur auf seinem Weg. Endlich waren wir oben an der Spitze unseres Aufstiegs, hielten kurz an. Ich wollte schon aufstehen und raussteigen, da kippte der Wagen vornüber und schoss auf eine Hauswand zu. Ich hatte schon von ferngesteuerten Autos gehört, aber das waren nur kleine Spielzeugautos. Doch dieser Wagen hier? Der fuhr selber, kein Mensch mit einer Fernsteuerung weit und breit.

Es wurde immer schneller, mein Herz pochte, meine Hände schwitzten, ich schrie auf, wollte mich aus dem fahrenden Wagen werfen, nur weg von dem Zauberfahrzeug, aber ich war eingeklemmt, kam nicht mehr hoch, die Tür ließ sich nicht öffnen. Dann, kurz bevor wir an die Hausmauer prallten, öffnete sich ein Loch in der Wand und genau dahin steuerte mein Untersatz. Ach hätte ich mich doch gestern nicht dermaßen betrunken und hätte ich doch einen anderen Schlafplatz gefunden, aber einmal in einem Cabrio zu pennen, war zu verlockend gewesen.

Nun ging es rein ins Haus, durch das Loch hinein. Ich hielt mich nur noch fest, ich musste geschehen lassen, was immer passierte, ich konnte das Ding nicht beeinflussen, weder die Pedale noch das Lenkrad reagierten auf meine Versuche irgendetwas zu verändern. Also festhalten und beten. Mein vergangenes Leben zog wie in Zeitraffer durch meinen Kopf. Meine Familie, Eltern, Geschwister, meine Freunde, meine Streiche, für die ich bekannt war, und die letzten Stunden. Da war doch die eine Kellnerin, die ich küssen wollte und die mich auf später vertröstete, sodass ich immer weiter getrunken hatte, bis ich dann doch raus musste, mich übergeben musste und schließlich das Cabrio einladend da stehen sah.

Dieses Geistercabrio, das nun mit mir eine Runde im Gebäude drehte, immer rascher auf Hindernisse und anscheinend auch an Leute zufuhr – ich hörte sie schreien – und im letzten Augenblick doch wieder die Fahrtrichtung änderte. Einmal links herum, dann wieder rechts herum, immer aber sehr starke Kurven. Dann wieder hinauf, kurz aus dem Haus hinaus, über das Dach empor und mit Überschlag wieder hinein. Ich schloss die Augen, wollte nichts mehr sehen, konnte auch kaum etwas sehen. Drinnen war es stockfinster.

Als ich einmal doch blinzelte, da sah ich gespenstisch riesengroße, leuchtende, dämonische Augen, die mich anstarrten. Ja, ich schäme mich nicht, es zuzugeben, ich schrie auch. War das die Strafe für meine Sause?

Im Zickzack ging die Fahrt weiter. Ich spürte mehr, als ich sah. Spürte, wie ich mal rechts, mal links an die Seitenwände des Cabrios gepresst wurde. Eine Höllenfahrt! Dann wieder streifte etwas meinen Kopf, als hätten sich ein nasser Lappen, oder Spinnweben in den Weg gestellt. Gänsehaut pur!

»Ich will raus! Bitte stehenbleiben! Nie wieder werde ich so viel trinken!«

Dann ein Versuch. Ich biss mich selber in meine linke Hand. Ich wollte es wissen, ob ich träumte, oder ob das tatsächlich gerade geschah! Auweh! Mit dem Zeigefinder der rechten Hand spürte ich den Zahnabdruck nach. Ich träumte nicht, es war real!

»Nein! Bitte nicht! Bitte aufhören! Stehenbleiben! Stopp! Schluss, aus!«

Was ich auch schrie, es war zwecklos, unbeirrt kurvte das Cabrio um die nächste Ecke, beinahe im 90 Grad Winkel. Nun war es richtig gut, dass es nicht sehr groß war, eigentlich ein Fahrzeug zum Knuddeln, dem man nicht ansah, was in ihm steckte.

Finster war es, als ich wieder einmal blinzelnd durch die Lieder lugte, stockfinster, aber laut. Das Schreien und Kreischen der

Menschen rund um uns herum erinnerte mich an die Geschichten der Kindheit, als der Religionslehrer von den Pforten zur Hölle erzählte.

Wieder eine scharfe Kurve, steil bergab, dann aber plötzliche Stille. Kein Quietschen, kein Schreien, ja nicht einmal ein Ruckeln des Autos mehr. Ich öffnete die Augen. Wir standen, standen wieder im Freien. Vor uns bemerkte ich noch so ein kleines, schnuckeliges Cabrio, aber das war mir egal. Nur raus, bevor es sich mein fahrbarer Untersatz überlegte, mit mir weiter zu fahren.

Also einfach die Seitenwand überklettern und weg! Ja, plötzlich war all mein Rausch der vergangenen Nacht verflogen, ich konnte wieder klar denken. Mein Hirn wurde mit dem Katastrophenszenario fertig. Fluchtartig ließ ich das Höllenfahrzeug hinter mir und versuchte Abstand zu gewinnen, wer weiß, vielleicht würde es mich ja verfolgen. Ich werde nie wieder so viel trinken!

Sobald ich ein Stück weg war kollabierte mein Magen doch wieder. Alles kam hoch, was noch drin war. Danach drehte ich mich nochmals um, blickte noch einmal zurück auf den kleinen Flitzer, der mir die ärgsten Schauer meines Lebens verursacht hatte. Da konnte ich in riesengroßen Buchstaben lesen: »Willkommen in der Gruselbahn!«.

Mein Sohn – ein mathematisches Genie

Das hätte ich wirklich nie gedacht, und ich habe es auch nicht beabsichtigt oder irgendwie gesteuert. Weder habe ich die Mutter meiner Kinder nach ihrer Vorbildung ausgewählt, noch haben wir, seine Eltern, in der Schwangerschaft entsprechende Übungen angestellt. Und ich muss es hier ehrlicherweise zugeben, auch ich hatte so meine Probleme mit der Mathematik. Trotzdem ist es passiert.

Lasst eure Gläser klirren und stoßt mit mir an! Seit heute weiß ich es mit Bestimmtheit, mein Sohn ist ein mathematisches Genie.

Was heißt das, er sei erst sechs Monate alt, man könne das nicht feststellen, ob ein Baby einmal besondere Begabungen haben wird? – Ich bin Vater! Ich weiß es! Mein Kind wird Mathematiker.

Woran ich das festhalten will, woran ich es erkennen kann?

Schauen Sie. Er bekommt gerade seinen ersten Zahn. Natürlich hat er Schmerzen, die sind nun mal da. Wir alle hatten schon Zahnschmerzen, und wir wissen, was das bedeuten kann. Also musste ich etwas unternehmen, um ihn von seinen Schmerzen abzulenken. Nach langem Überlegen kam ich darauf, ich werde mit ihm rechnen.

Ich erklärte es ihm. Ich wolle ihm Aufgaben stellen, er braucht darauf nichts zu sagen, er soll mir nur ein Zeichen geben. Als er nichts darauf erwiderte, schloss ich, er wäre einverstanden.

Es konnte losgehen.

Meine erste Frage war doch relativ einfach. Multiplizieren ist nicht schwierig, denke ich. Also fragte ich ihn:

»Söhnchen, wie viel ist einmal Eins?« Schon hatte ich die

Antwort: Er steckte einen Finger in seinen Mund, das bedeutete natürlich: Eins! – Er wusste die Lösung. Ich war überrascht und wollte etwas Schwierigeres fragen.

Meine nächste Frage kam:

»Wie viel ist fünf minus vier?« Auch darauf wusste er die Lösung und zeigte es mir, indem er einen Finger in den Mund steckte.

Ob die Fragen wohl zu einfach für ihn seien, überlegte ich und stellte eine wirklich schwierige Aufgabe, wenn man bedenkt, dass er noch nicht ein Jahr alt ist und doch den Zahlenraum Eins schon so sicher beherrscht. Die Aufgabe war:

»Wie viel ist fünf plus vier minus acht?« – Unglaublich, Söhnchen wusste auch darauf die korrekte Antwort. Er hatte wieder einen Finger im Mund.

Dann allerdings war ich überfordert! Er steckte plötzlich zwei und gleich danach drei Finger in den Mund. Was um Himmels Willen, konnte das bedeuten? Wollte er nun wirklich noch schwierigere Aufgaben? War er für den nächsten Zahlenraum gerüstet?

Schade, dass ich mich nicht mehr an die entsprechenden Übungen aus meiner Schulzeit erinnerte, sonst hätte ich ihn sicher noch weiter ausgetestet. Er ist mir voraus, er kennt schon die Antworten auf Fragen, die ihm noch nicht gestellt worden sind.

Mit einem Wort:
ER IST EBEN EIN MATHEMATIKGENIE!
Ein Prosit auf meinen Sohn!

Luft zum Leben

Was ist das? Wo bin ich? Ich spüre eine ungeahnte Leichtigkeit, die mich schweben lässt. Mein sonst so schwerer Körper ist federleicht, scheint fort zu sein, wo ist er? Wo bin ich?

Augen auf!

Hey, ich schwebe wirklich, nein, ich fliege. Hoch über den Dächern einer Ortschaft, meiner Ortschaft. Meine Augen, die sonst schon lange eine Brille brauchten, sehen jedes kleinste Ding, sogar Mäuse, die sich in eine Ecke ducken.

Träume ich? – Nein, es ist real. Ich kann meinen Kopf hin und her bewegen, sehe die Federn an meinen Schwingen, starke, braun gefleckte Federn.

Ich bin ein Vogel, plötzlich bin ich ein Vogel. Ist das die Seelenwanderung, über die immer gesprochen wurde? Was bin ich froh, kein Maulwurf geworden zu sein. Ein mächtiger, stolzer Vogel, herrlich! Meine Schwingen sind ganz ruhig zur Seite gestreckt. Es fühlt sich an wie Schwimmen, nur eben in der Luft.

Was bin ich dumm gewesen, als ich mich immer wieder an mein beschwerliches Dasein klammerte, nicht loslassen wollte, obwohl es mir immer schwerer gefallen war.

Luft, eben diese Luft, die mich nun so herrlich trägt, war so lange Zeit mein Problem gewesen. Schon, als mir mein Vater das erste Mal in den geöffneten Mund geblasen hat und mir die Luft wegblieb, ich tief schlucken musste, nach Luft japste, begann mein Kampf um Luft. Als ob es gestern gewesen wäre, sehe ich jetzt die unterschiedlichen Situationen meines Luftholens vor mir.

Was heißt da vor mir? Unter mir erkenne ich all das, als ob es gerade jetzt passiert. Muss nur meinen Kopf wenden.

Da ist das kleine Kind im Bett. Die Decke über dem Kopf. Was macht es denn? Hey, damit spielt man nicht! Zuerst möchte es sich verstecken, dann hat es die Gefahr übersehen. Immer schwerer wird das Atmen. Seine Arme und Beine zittern, strampeln, die Decke ist zu dick. Da kommt die Mutter und zieht die Decke herunter. Glück gehabt. Ob sie es weiß, wie nahe das Kind am Ersticken war?

Und dort ist er, der junge Bub, der mit anderen älteren Knaben auf dem Boden liegt, mit ihnen kämpft. Zwei gegen einen, das ist unfair. Aber es müssen zwei sein, weil der eine, obwohl sicher jünger, schon so groß und stark ist. Da helfen den beiden nur unfaire Mittel, sie haben den Großen im Schwitzkasten und schnüren ihm die Luft ab. Ich weiß noch, was das bedeutet, luftlos zu sein. Unfähig sein, sich nicht mehr bewegen zu können, nicht mehr atmen zu können. Die beiden lassen nicht ab, immer fester wird ihr Griff. Da, schau, da kommt ein Nachbar vorbei und trennt die drei. Die zwei grinsen und laufen weg. Langsam bekommt auch der Bub wieder Luft.

Ich schaue weiter herum, über der Gegend schwebend, was ich da noch alles zu sehen bekomme.

Ja, dort ist er mit seiner Schulklasse unterwegs. Sie machen einen Ausflug. Er, der Junge, ist mittlerweile ein pummeliger Kerl geworden. Es geht auf einen Berg hoch. Alle laufen und drängen bergan, aber er kann nicht so. Der Professor treibt ihn an. Der Bub hat schon einen hochroten Kopf, schwere Beine und kaum mehr

Atem. Als letzter einer lang gezogenen Kette von Kindern quält er sich den Berg hoch. Kaum hat er ein paar Kinder eingeholt, die gerade eine kurze Pause machten, aßen, tranken und sich ein wenig vom Aufstieg erholten, gehen die schon weiter. Er kann sich eine Pause nicht erlauben, will er nicht zu sehr abreißen. Völlig erschöpft kämpft er sich weiter. Endlich wird der Professor aufmerksam auf seinen Nachzügler, wartet auf ihn und misst seinen Puls. Nun wird es dem Lehrer übel, einen so hohen Puls hat er noch nie gemessen. Jetzt kann auch der Junge eine Pause machen und frische Kraft sammeln. Der Ausflug, der eigentlich Spaß machen soll, ist ein Horror für ihn.

Wieder genieße ich die streichelnde Luft, die überall an meinem Körper zu spüren ist, die jede meiner Federn umspielt. Bald zeigt sich mir ein neues Bild, ich brauche nur meinen Kopf ein wenig zur Seite zu bewegen.

Ah, ja. Es ist Sommer. Ich sehe den Jugendlichen im Wasser planschen. Seine jüngeren Geschwister und seine Eltern liegen am Ufer. Spielen, lesen, schlafen. Er ist eine so genannte *Wasserratte* und nicht aus dem Nass zu treiben. Was macht der Verrückte jetzt? Er hat seine Luftmatratze bei sich, taucht und holt Steinchen aber auch Muscheln aus dem Teich und deponiert alles auf der Matratze. Wie lange der dort unten sein kann! Er übt es und steigert seine Zeit unter Wasser. Da versucht er zu schummeln und holt Luft unter der Matratze, dort wo der Kopfteil mit dem Liegeteil verbunden ist, denn dort ist eine kleine, mit Luft erfüllte Rille. Ganz vorsichtig, sodass er die Matratze, die scheinbar dort treibt, nicht bewegt, bringt er seinen Mund in genau diese Rille, verharrt dort und atmet. Er bleibt unter der Matratze in Position und hält sie unter Wasser fest. Wie lange wird es dauern, bis seine Familie darauf aufmerksam wird, dass er nicht mehr auftaucht? Lange Zeit liegt er so da unter der Luftmatratze, wie ein Indianer auf der Pirsch fühlt er sich. Er hört seine Familie reden, die Geschwister spielen, die Eltern sich unterhalten. Er geht niemandem ab. Keiner bemerkt, dass er nicht bei ihnen ist, keiner überlegt, dass er in Gefahr sein könnte. Es wäre egal, ob er weg wäre, scheint es.

Nein, ganz so ist es nicht. Wenn es darum geht, dass die Badesachen weggebracht werden, wenn es darum geht, dass vom Brunnen Wasser geholt wird oder dass der Müll weggebracht wird, wenn es darum geht, dass eine helfende starke Hand gebraucht wird, da wird an ihn gedacht, wie selbstverständlich an ihn gedacht. Ach, er möchte unter Wasser bleiben, für immer dort bleiben, die quälenden Gedanken vergessen. Na ja, Essenszeit! Mutter ruft zum Essen. Ob er jetzt gesucht wird? – Ach was, er hat auch Hunger und kommt aus dem See heraus. Jetzt allerdings ist die Überraschung groß, dass er immer noch im Wasser gewesen ist. Sie haben gedacht, er wäre längst im Haus, weil sie ihn nicht gesehen hatten. Sollte er ihnen nun sagen, dass er sich alleine fühlt, sich inmitten all seiner Mitmenschen alleine fühlt? Dass er das Gefühl hat, benutzt zu werden, weil man ihn braucht, nicht aber selber umsorgt zu sein, geliebt zu sein, wie seine Geschwister, die halt noch so viel kleiner sind?

Ach, ist das herrlich so im Wind. Die Schwingen sind leicht geneigt, schon geht es pfeilschnell in eine andere Richtung. Immer höher schraube ich mich empor, nutze die Thermik. Komisch, je höher ich fliege, umso mehr kann ich erkennen, also gerade umgekehrt, als man es vermuten könnte. Und all das habe ich so lange nicht genutzt, wie dumm war das von mir.

Tja, die Zeit beim Heer. Grundausbildung. Was ist das für eine Schar in der Kompanie, im Zug. Ausnahmslos Maturanten! Und die Ausbilder? Bunt gemischt aus unterschiedlichen Gesellschaftsschichten. Manche von ihnen erwarten von vornherein, dass die Maturanten sie dumm anreden würden. Was wissen die von denen? Sie sind so verschüchtert, kennen noch nicht das Leben, sind obrigkeitshörig, würden sich nie einem Befehl widersetzen, möchten sie doch alle studieren. Und Befehlsverweigerung ist ja ein Studienhindernis. Also trauen sie sich nie, na ja, fast nie, einen Befehl zu hinterfragen oder gar ihn zu verweigern, wie offensichtlich dumm er auch sei.

Beim Exerzieren üben sie das Marschieren im Gleichschritt, das Hantieren mit dem Gewehr in der Gemeinschaft. Jeder Handgriff muss sitzen, jeder Schritt genau bemessen sein. Ja, sogar die Adjustierung, also das Gewand samt Schuhe, muss einwandfrei passen, sauber sein und richtig geknöpft. Gibt es da etwas in der Einheit, das falsch ist, muss er laufen, ist er doch als Größter der sogenannte Anschlussmann des ganzen Zugs. Und er muss oft laufen. Immer im Kasernenhof im Kreis herum. Dort wird gerade gebaut. Sand, Zement, Kalk! Staub liegt in der Luft, und es ist drückend heiß. Da spürt er die Allergie, die ihn nur noch flach atmen lässt. Er bleibt stehen, wird vom Unteroffizier angebrüllt, er müsse weiterlaufen, bis er zum Wiedereintreten aufgefordert würde. Ja, wann ist das? Noch eine Runde und noch eine Runde, bis es ihm schwarz vor den Augen wird und er besinnungslos niederstürzt. Der Unteroffizier glaubt immer noch, er würde zum Narren gehalten, bis ein zufällig vorbeikommender Sanitäter zu Hilfe kommt, den Jungmann ins Krankenrevier bringt, von wo er tags darauf ins Heeresspital gebracht wird, wo die Allergie bestätigt wird. Diese Allergie ist das erste Erbe seiner Familie, das er erhalten hat, mit dem er sich herumzuschlagen hat.

Später beweist der Jungmann seine Ausdauer und Kraft, als er sich bei einem Orientierungslauf im strömenden Regen, wo die Luft durch das Wasser gereinigt war, in die Siegerlisten eintragen kann. Ja, die Kindheit und auch die Zeit beim Militär hat ihn zu kämpfen gelehrt.

Fast wäre ich abgetrieben, aber mit ein paar Flügelschlägen bin ich wieder auf Kurs. Aufwärts möchte ich, immer höher dem Himmel zu. Will ihn ja bald erreichen. Ob es allen so geht, dass sie zum Himmel kommen wie ein stolzer Vogel? Mir gefällt das, ich könnte ewig so weiterfliegen. Was erwartet mich dort oben? Treffe ich Mama wieder? Wird sie mich erkennen? Oder meine Großeltern oder meine ehemaligen Schulkameraden, die nach Krankheit oder durch Unfall schon lange das Zeitliche gesegnet haben?

Noch einmal blicke ich hinab, dorthin, wo ich so manche Situation aus früheren Zeiten wieder sehe.

Da wird ein Haus gebaut. Mit welchem Einsatz der Mann sein Material hochschafft. Der Rohbau ist schon länger fertig, seine Familie wohnt schon im Haus. Nun soll auch das Obergeschoß ausgebaut werden. Da ist er gefordert. Jeder Sack Mörtel, jeder Ziegel, jeder Heizkörper, jeder Kübel mit Farbe, jedes noch so kleine Stück Material muss die Treppe hochgetragen werden. Wäre man damals doch so weitblickend gewesen und hätte die Paletten schon oben deponiert, als man mit dem Kran noch das Obergeschoß erreichen konnte, aber nein, da müsse man sparen, hat sie gemeint. Also ist das nun seine Aufgabe, alles Stück für Stück hochzutragen, damit die Arbeiter alles in Griffweite haben. Schweißtreibend und luftfordernd ist diese Arbeit. Auf der Schulter die Mörtelsäcke oder die Heizkörper, vor dem Bauch jeweils drei bis vier Ziegel, links und rechts in den Händen Eimer voll mit Materialien. So schleppt er sich Schritt für Schritt die Treppe hoch, deponiert das Material, kehrt um; und es geht wieder hinab. Bei jedem Hochsteigen wird die Treppe länger, steiler, schwieriger. Die Muskeln sind fest, der Mann hat Kraft, aber seine Lunge kann nicht genug Sauerstoff tanken. Nachwirkung seiner Allergien.

Wieder ein paar Flügelschläge weiter. Wieder genieße ich die Strömungen der Luft, die mich umschmeicheln, umspielen, mich tragen, emporsteigen lassen. Noch ein Blick zurück, hinab in das Gewesene, zu dem, was einmal wichtig war. Erinnerung zum Loslassen? Oder Erkenntnis wie unbedeutend alles heute ist? Momente des Luftholens nochmals durchleben?

Da ist die Situation, als er sich aus unerklärlichen Gründen mit Anschuldigungen konfrontiert sieht, die völlig aus der Luft gegriffen, einfach falsch sind. Was soll das? Was bezwecken sie damit? Das stimmt doch alles nicht! Soll er abgesäbelt werden, möchte jemand anderer seine Position? Die Anschuldigungen sind derart falsch, dass er nicht mehr atmen kann, sein Mund austrocknet, er nach Luft sucht. Als er sich endlich gefangen hat, ist sein vorangehendes Schweigen beinahe als Schuldeingeständnis gewertet worden. Ist das ein Kampf um Gerechtigkeit und um Luft! Aber er lernt daraus, macht sich ein Ritual zu eigen, das er in so einem Fall anwenden kann, er wird nie mehr atemlos sein, wenn ihm derart falsche Anschuldigungen vorgeworfen werden.

Ich kreise wieder. Diesmal sind viele Bäume unter mir, ein Wald. Und wieder sehe ich ihn, wie er um Luft ringt, diesmal aber aus Angst.

Da steht er mit einer Motorsäge in den Händen, wartet auf seinen Einsatz. Mit seinem Schwiegervater wird Brennholz gemacht. Der kleinere, ältere, aber im Umgang mit der Säge erfahrenere Mann sägt einen mannsdicken Baum um. Der fällt auch wie geplant, aber er hüpft ungeplant zurück und begräbt den alten Mann unter sich. Was hat der Junge nun für eine Angst, die ihm die Luft einschnürt, ihn kurz erstarren lässt. Dann aber startet er seine Säge, und er schneidet den Baum ab, um den Schwiegervater zu bergen. Ist das ein Glück, dass unter diesem eine Mulde ist, sodass er außer Prellungen keine Blessuren erlitten hat. Aber es ist ein atemloser Moment für den jungen Mann, der in diesem Augenblick ein Leben vor sich sieht, in dem er ab nun nicht nur der eigenen Familie, sondern auch seiner Schwiegermutter täglich zur Hand gehen würde müssen.

Alles geht vorüber! Was ich da alles sehen kann aus luftiger Höhe?

Da sehe ich auch die vielen Momente des Glücks, die ihm den Atem rauben. Die erfolgreiche Zeit als Schüler, der erste Einser auf eine Schularbeit, das Lob des Vaters für eine erledigte Arbeit, die bestandene Prüfung zum Führerschein, das Abitur, die erste intime Begegnung, die Geburt der Kinder. Viele Augenblicke der Atemlosigkeit, aber diesmal atemlos vor Glück.

Noch einmal kreise ich in die Höhe.

Blicke nochmals hinab, schaue in die Wohnung hinein, sehe ihn, wie er sich an die Brust greift. Das Stiegensteigen bringt ihm mehr und mehr Druck auf der Brust. Die Wege, die er zurücklegt, werden immer kürzer, sein Atem auch. Immer öfter hält er an, klammert sich an die Hände seiner Frau oder an das Geländer der Stiegen, an seinen Gehstock. Er merkt, dass es Zeit ist für ihn. Zwar möchte er noch so viel sagen, so viel tun, aber er braucht dazu Luft. Und diese Luft fehlt ihm gerade. Einmal noch blickt er sie an, dann greift er sich an die Brust und fällt wie in Zeitlupe auf den Boden.

Apropos Boden. Ich bin schon so hoch, dass ich diesen nur noch schemenhaft erkenne. Aber jede Einzelheit wie eine Maus, die sich in eine Ecke drückt, sehe ich genau. Wie funktioniert denn das? Ich lege meine Flügel an und gehe in einen Sturzflug über, möchte ich doch diese Maus erwischen. Das Wasser rinnt mir im Mund zusammen. Wann habe ich das letzte Mal etwas gegessen? Ich stürze wie ein Stein aus großer Höhe hinab auf die Maus zu, die wie erstarrt scheinbar auf mich wartet, darauf wartet, dass sie meine Beute wird. Nun wird es mir aber zu rasch, ich schließe meine Augen, kann meine Flügel nicht mehr bewegen, warte auf den Aufprall. Ist das das Ende? War das mein letzter Weg? Es reißt mich, ich zucke, mein ganzer Körper zuckt, bäumt sich auf und fällt wieder zurück. Bin ich nun im Himmel?

Ich schlage meine Augen auf. Da stehen weiß gekleidete Menschen um mich herum. Einer hat noch die Kontakte des Defibrillators in der Hand.

»Gott sei Dank, wir haben ihn wieder«, höre ich und »Willkommen zurück! Sie haben uns einen argen Schrecken eingejagt!«

Habe ich all das Schöne, das ich gerade durchlebt habe, nur geträumt? Die Momente aus meinem Leben, die vor mir und in mir abgelaufen sind? Wie schön ist das Fliegen. Das möchte ich wieder tun. Aber jetzt werde ich mich erholen und die Zeit, die mir nun geschenkt wurde, bewusst mit meiner Frau, die ich so sehr liebe, erleben. Ich bin dankbar für jeden Augenblick der harmonischen Gemeinsamkeit mit ihr und freue mich, wenn ich genug Luft zum Atmen, Luft zum Leben habe.

Aber wenn es dann so weit ist, weiß ich, dass ich gerne fliegen werde.

Der Muh-Tiger

Auf und ab in stetem Wechsel streicht er über die satten Wiesen der Hochalm. Er passt eigentlich gar nicht so toll zu den gescheckten Kühen, er hat Streifen. Seine Beine sind nicht so lang wie beim Zebra, das auch Streifen hätte. Aber sie sind besonders stark im Absprung. Wie leicht könnte er die elektrische Einfriedung überspringen, aber das hat ihm niemand gezeigt.

Seit er als Baby auf die Alm kam, lebt er zwischen den Kühen. Eine Zeit lang wurde er mit ihrem köstlichen weißen Saft ernährt, den die Sennerin aus dem Euter der Kühe massierte. Später bekam er Trockenfutter. Obwohl ihn seine Pflegemütter, die Kühe, mit auf die Weide nahmen, hat er kaum das saftige Gras gefressen. Mit einem Schnurren bedankt er sich täglich bei den Sennern für seine Nahrung.

Danach streift er, wie eben, zwischen den Kühen über die Hochalm. Das Fressen der Pflegemütter passte ihm also nicht, aber er versuchte, wie sie Laut zu geben.

Täglich übte er, um ein gewaltiges *Muh!* aus seiner Kehle klingen zu lassen. Doch meistens umsonst. Seine Pflegemütter gewöhnten sich bald an diese Versuche und ließen sich davon nicht mehr stören. Aber Wanderer, welche die Alm überqueren wollten, nahmen stets Reißaus, wenn sie ihn sahen oder gar hörten.

Nur die Pflegemütter und die Senner wussten, dass in dem gewaltigen Tier - und ein ausgewachsener Tiger ist halt gewaltig - also, dass in dem gewaltigen Tier ein Schmusekätzchen steckt, dass so gerne muhen können möchte, so dass die Bezeichnung *Muh-Tiger* endlich zutrifft.

Aber, ob er es jemals schaffen wird, kann hier doch nicht beschrieben werden, denn der Autor konnte nicht jahrelang auf der Hochalm bleiben.

Doch vom *Muh-Tiger* kann er erzählen, so wie er ihn kennen, zuerst fürchten und dann lieben gelernt hat.

Wer weiß, wieviel wir selber von so einem *Muh-Tiger* in uns tragen.

Wollen wir nicht auch manchmal, dass wir mit jemand Bestimmten reden können, und es gelingt uns nicht, dass wir verstanden werden, wie sehr wir uns auch bemühen?

Achten wir also weniger auf den *Muh-Tiger* der Hochalm, lernen wir unseren eigenen *Muh-Tiger* kennen und helfen wir ihm, dass er die richtige Sprache spricht und endlich verstanden wird.

Die Therapiegruppe in der Scheune

»Ich will nicht mehr! Ich kann nicht mehr! Mein Leben hat keinen Sinn mehr! Lasst mich sterben, gebt mich weg!« Mit diesem, weinerlich vorgetragenem Stoßseufzer des Wetzsteins wird das Therapiegespräch in der Scheune eröffnet.

Die beinahe hundertjährige Scheune, seit kurzem mit frischer Dacheindeckung runderneuert, kann auf die längste Erfahrung am Hof zurückblicken. Sie ist auch die geduldigste hier und möchte allen deprimierten Stücken hier helfen.

»Was bedrückt dich denn so?«, fragt sie deshalb, »was hat sich denn jetzt gerade verändert, dass du momentan so verzweifelt bist?«

»Ach, ich weiß nicht mehr, wie lange ich schon hier im Kuh-Horn an der Wand hänge. Unbeachtet, unbenutzt, ungebraucht wie weggesperrt. Es beginnt gerade der Sommer, ich kann ihn riechen. Früher war das die Zeit, wo ich herausgenommen wurde, wo ich auf den Sensen und Sicheln tanzte, bis diese so richtig scharf waren. Schon früh am Morgen wurde ich genommen und habe den ganzen Tag das Gefühl gehabt, wichtig zu sein. Stets war ich bereit, wenn es wo galt Schärfe auf das stumpfe Gerät zu bringen. Aber seit vielen Jahren schon hänge ich in meinem Horn hier an der Wand der Scheune. Zu nichts bin ich mehr nutz, lasst mich doch endlich sterben. Ich möchte nicht mehr nur als Zusehender das Leben beobachten, ich würde doch so gerne selber meinen Beitrag zum Leben geben!«

»Ach, darum trauerst du so?«, fragt da das Kuh-Horn. »Ich bin doch noch weniger wert. Ewig lange schon hänge ich hier an der

Wand für dich. Eigentlich nur für dich, damit du geschützt wirst. Also erfülle ich meine Aufgabe. Aber lang schon haben mich Spinnen entdeckt und mich mit ihrem Netz eingewickelt. Da greift niemand mehr nach uns. Da werden wir noch lange hier hängen und uns alles anschauen können. Was glaubst du, wie sehr es mich danach sehnt, wieder einmal am Gürtel eines Mähers oder noch lieber einer Mäherin angebracht zu werden, die freie Natur zu sehen, mitzuerleben, wie sich das Gras so im Zug um Zug der Sense niederlegt? – Aber seit es diese Motorsensen gibt, brauchen sie uns nicht einmal mehr zum Nacharbeiten. Und trotzdem bin ich froh, dass ich hier sein darf und wenigstens als Zuseher am Leben teilhaben kann.«

»Der Wetzstein hat schon Recht!«, erklärt plötzlich der Leiterwagen. Er steht an der Seite der Scheune und ist angeräumt mit altem Stroh und Heu, leeren Eimern, ein paar Lumpen, einem breiten Rechen, einer rostenden Zugsäge und einem hölzernen Gerüstbock. Seine runden Wandsprossen sind zum Teil aus der Verankerung gerissen. Sein Anblick ist wahrhaft traurig, er hat schon bessere Zeiten gesehen. »Ja, er hat Recht. Wir warten nur noch auf den heißen Tod. Irgendwann werden sie uns in unsere Einzelteile zerlegen, und wir alle hier werden durch unser Sterben ein letztes Mal ihnen zu Diensten sein, wenn wir derart für sie Wärme spenden.« Auch der Leiterwagen schluchzt leise vor sich hin.

»Ach was«, bringt sich da die Scheune wieder ein, »schaut doch auf mich. Wie lange habe ich hier mein Leben gefristet, bin immer mehr verfallen. Auch ich habe schon den nahenden Tod erwartet, und dann bekam ich ein neues Dach. Seid nicht so pessimistisch!«

»Nicht pessimistisch sein? Wie stellst du dir das vor? Wenn dir so wie mir ein paar Zähne fehlen würden, wenn du nicht mehr zur Hand genommen würdest, wenn du also das Gefühl hast, wie es die meisten hier haben, ungebraucht, unbenutzt zu sein, wie soll sich da Optimismus bilden?« Der Heurechen am alten Leiterwagen bringt sich mit seinem Kommentar ins Gespräch ein.

»Wie lange ist es her, dass ich mich in einen Baumstumpf gefressen habe?«, meldet sich nun auch die vergessene Zugsäge zu Wort. »Diese Klänge ›ratsch-ratsch-zug hin und zug her, ratsch-ratsch‹ kennt doch heute niemand mehr. Wenn die Leute eine Säge hören, dann klingt das oft, wie früher ein Moped. Ein Mann alleine genügt heute schon, um in weit kürzerer Zeit als früher einen Baum umzusägen. Wir sind alle hier aussterbend, damit müssen wir uns auseinandersetzen. Du Wetzstein im Kuh-Horn, du Leiterwagen, ich Zugsäge und noch die vielen anderen Geräte hier, die wir alle früher so wichtig am Hof gewesen sind. Wir werden nicht mehr gebraucht, bald wird sich niemand mehr an uns erinnern!«

»Still! Seid still!«, meldet sich nun die Scheune. »Da kommen ein paar junge Leute zu uns her. Die dürfen nicht unsere Stimmung spüren, wer weiß, wie sie darauf reagieren?« Plötzlich macht sich Stille breit, die Warnung der Scheune wirkt.

»Was haltet ihr also von unserer Idee?«, fragt einer der Burschen in die Runde, kaum dass das Scheunentor offen ist. »Damit können wir doch etwas anfangen, oder? Schaut euch um und bringt eure Ideen ein in unser Projekt!«

»Da liegt eine alte Zugsäge auf dem wunderschönen Leiterwagen!«, sagt ein Mädel. »Die könnten wir bei der nächsten

Hochzeit verwenden, damit sollen Braut und Bräutigam beweisen, dass sie zusammenarbeiten können!«

»Und auch der Leiterwagen hat Charakter, den könnten wir herrichten und zwei Pferde vorspannen. Das wird ein Hallo für unsere Gäste beim Urlaub am Bauernhof!« Noch ein Mädel mit Geschmack.

»Schaut, da gibt es auch einen richtigen Wetzstein im Kuh-Horn. Da werden wir sicher auch Sensen finden. Wollen wir wieder einmal am Kirtag ein Wettmähen durchführen, wie es früher üblich war? Unsere alten Traditionen und Gebräuche sollen nicht in Vergessenheit geraten.«

»Ich glaube, ich habe die beste Idee«, meint ein Junge, der lange an der Seite steht und still allem zuhört, »was haltet ihr davon, wenn wir hier in unserem Stadel alte bäuerliche Gerätschaften zusammentragen und ein Museum daraus machen? Wahrscheinlich ist in vielen Höfen rundeherum so manches Stück zu finden, das wir hier präsentieren könnten. Und wenn wir es brauchen zum Beispiel für eine Hochzeitseinlage, dann können wir jederzeit darauf zugreifen. Es soll ein lebendiges Museum sein, wo wir zeigen, wie die Gegenstände früher benutzt wurden. Wir müssen unser alten Bauern befragen, die sich noch im Umgang auskennen. Wir sollten auf ihre Erfahrung zurückgreifen.«

Das überzeugt alle. Lange noch stehen sie beisammen und diskutieren über ihre Ideen, bevor sie wieder die Scheunentüre hinter sich schließen.

»Jetzt aber!«, die Scheune ist aufgeregt, »jetzt aber können wir alle auf eine neue Zukunft blicken! Weg mit aller Depression, wir werden wieder gebraucht!«

Nun reden wirklich alle durcheinander, alle haben den jungen Menschen zugehört, auch jene, die sich vorher noch nicht eingebracht hatten. Der Pflug und die Egge, das Zaumzeug für die Ochsen, der Dreschflegel, und, und, und … wirklich alle reden durcheinander und möchten ihren Beitrag zum Museum ins rechte Licht setzen.

So schnell kann neue Hoffnung eine Depression beenden.

Vor dem Parlament

Platsch!

Schon wieder werde ich getreten. Immer wieder in meinem Leben wurde ich missachtet, gequält und getreten. Dabei fing alles so herrlich an.

Es war einmal, da war ich verbunden mit all meinen Schwestern und Brüdern. Wir schwammen im großen Kessel. Heiß war es damals, wirklich heiß.

Immer wieder wurde umgerührt, aber es machte Spaß. Wir waren alle verbunden und doch irgendwie neutral, bis der Geschmack hinzukam. Wieder wurde gerührt, gemixt, wir waren alle in einer festen kreisenden Bewegung gefangen, da rann plötzlich Geschmack in unseren Kessel. Fruchtig, süß quoll es aus einem Behälter von oben in uns hinein.

Zu Beginn waren wir alle irritiert, was sollte denn das? So viel Platz wäre gar nicht im Kessel, dachte unser Gemeinschaftsbewusstsein, aber wir irrten. Es war nur Geschmack und der vermischte sich mit uns. Ja, er veredelte uns, sodass wir für viele Lebewesen verführerisch rochen und ebenso schmeckten.

Nach einiger Zeit hörte die Drehbewegung auf, wir beruhigten uns, doch gleich darauf verließen wir unseren schützenden Kessel, wurden flach auf Unterlagen ausgeschüttet, wurden härter, dann gewalzt und in kleine Streifen getrennt.

Bald kam auch die Hülle darüber, und sogleich waren wir für den Genuss vorbereitet.

Ist doch schön, wenn man weiß, dass man allein durch sein

Dasein Freude bereiten wird. – Na ja, so war es dann doch nicht. Allein durch das Dasein funktionierte es nicht. Gut zu riechen allein war zu wenig.

Als ich endlich zu meinem Benutzer kam, (=User), hielt mich der kurz an sein Gesicht, besser gesagt, an den Riechkolben mitten darin, schälte mich aus der schützenden Hülle und steckte mich in seinen Mund.

Wieder eine neue Erfahrung für mich. Durch die Verbindung meines Körpers mit dem Speichel des Users unter steten Kaubewegungen desselben, wurde ich wieder geschmeidig, weich. Eigentlich ein herrliches Gefühl, wenn nicht, ja wenn mir nicht dadurch langsam alle Duftstoffe verloren gegangen wären und ich bald nur noch lustlos von einer Backe des Users in die andere geschoben worden wäre.

Dann kam das nächste Erschrecken. Ich wurde plötzlich wieder ins Freie befördert und am Kopf des Benutzers hinter dessen Ohr geklebt. Nun konnte ich zwar die Umgebung betrachten, aber meine Konsistenz wurde wieder hart und härter, der süßliche Duft aber war nur noch in Spuren zu finden.

Na ja, einmal noch wurde ich für eine Weile gekaut, bis ich mich plötzlich auf einer schwarzen Unterlage wiederfand. Mein User hatte mich auf die Straße gespuckt. So ein Ferkel, aber jetzt begann mein Wanderleben.

Wer denkt, dass ich nun im Sonnenlicht mein restliches Leben fristen hätte können, der irrt gewaltig. Ein Tollpatsch trat auf mich und zerriss mich in zwei Teile. Der größere Teil von mir blieb auf der Straße hängen, ein kleiner Teil aber wandert seither unter den Schuhen des Menschenkindes umher.

Aber das war immer noch nicht alles. Nun wurde ich immer wieder überfahren. Dunklc Räder, die aus einem ähnlichen Material bestehen, wie meine Geschwister und ich, überfuhren mich nun regelmäßig. Immer breiter wurde der Rest, der auf der Straße klebt, immer breiter und dunkler.

Nun bin ich untrennbar mit meinem Untergrund verbunden. Keine Angst, wenn du auf mich trittst, gibt es keinen Rest mehr auf deiner Sohle. Ich bin mittlerweile Teil der Straße.

Einziges Ärgernis sind die Tiere, die manchmal an mir riechen und hie und da mich und meine anderen Leidensgenossen mit Körperwasser befeuchten.

Wäh, diese Düfte mir, der ich einst so gut gerochen habe, dass ich einen halben Tag lang sogar im Mund eines Users verbringen konnte.

Aber anscheinend ist das die Bestimmung von mir und von vielen meiner Brüder und Schwestern, die als Kaugummi die Welt süßer gemacht haben, dass wir nun als Straßenbelag vor historischen Gebäuden der Großstadt unser Ausgedinge haben.

Platsch!

Zeit zum Abschied nehmen

Wie lange warst du mir ein treuer Begleiter. Du hast mich gewärmt, vor fremden Blicken geschützt, warst immer auf meine Privatsphäre bedacht.

Es ist mir nicht einmal richtig bewusst, wann du das erste Mal in mein Leben getreten bist. Du warst auf einmal da, und es hat alles zwischen uns gestimmt.

Ja klar, ich habe dich natürlich sehr bewusst ausgewählt, damals, rundherum betrachtet, mit kritischem Blick all deine Vorzüge begutachtet. Erst durch unser Beisammensein hast du zu deiner wirklichen Aufgabe in deinem eigentlich doch kurzen Leben gefunden und zu deiner ganz speziellen Form.

Ich danke dir von ganzem Herzen für jede Minute, die du mich begleitet hast. Du bist mit mir durch Dick und Dünn gegangen. Es hat dir auch nichts ausgemacht, als du mit eindeutig schmutzigen Spuren versehen wurdest, die auf meine Unachtsamkeit im Umgang mit dir hinwiesen. Du warst treuer Freund in allen Lebenslagen und das bei jeder Witterung.

Beinahe täglich waren wir unzertrennliche Kameraden, und du hast es trotzdem verstanden, dass ich nachts lieber ohne dich war.

Langsam bist du aber alt geworden, alt und unansehnlich, wie mir manche gut meinenden Freunde vermittelten. Sie rieten mir, mich von dir zu trennen.

So leicht kann ich das aber nicht. Also hab ich dich lange Zeit versteckt gehalten und nur dann zu meiner Begleitung hervorgeholt, wenn ich eher alleine bei Schlechtwetter oder in den Wäldern herumgestreift bin. Da warst du dann wieder wie in alten

Zeiten bei mir. Wie sehr ich mich an dich gewöhnt habe, wie vertraut du mir geworden warst.

Lange Zeit noch überlegte ich, ob es nicht einen Weg gibt, dich doch noch einmal für mich zu adaptieren, aber es geht nicht mehr, ich musste es mir jetzt selber eingestehen.

Du wirst immer schütterer, ja sogar irgendwie durchscheinend und passt einfach nicht mehr zu mir.

Also, es muss sein!

Es ist Winter. Zeit, Abschied zu nehmen. Ich stehe nun vor dem Container, wo ich dich ablegen werde, zerdrücke noch ein paar heimliche Tränen in Erinnerung an unsere guten alten Zeiten, doch was sein muss, muss sein!

So werfe ich dich hinein in die Altkleidersammelbox und verabschiede mich von dir, meine gute alte, treue Hose. Danke für deine jahrelange Begleitung als sittenstrenge, irgendwann einmal sogar modische Bekleidung. Ich hoffe, dass deine Nachfolger mindestens genauso lange halten werden, wie du!

Adieu!

Im Großmarkt

Was ist da los? Von überall her tönt es in meinen Kopf:

»Kauf mich! Nimm mich mit! Mit mir kannst du reiten und schwimmen!«

Ja, ich bin einkaufen. Im Supermarkt, wo ich all das finden kann, was auf meinem Zettel steht: Brot, Milch, Aufstrich, Glühbirnen, Batterien, Waschmittel, ein Tapetenmesser und ein paar Kekse für die Tante, die uns demnächst besuchen wird.

Eigentlich könnte es ein ganz normaler Einkaufstag sein. Wie jede Woche mindestens einmal bin ich im Supermarkt, aber diesmal höre ich die Stimmen im Kopf. Ich bleibe stehen, damit die Geräusche des Einkaufswagens nicht stören können. Ist das Einbildung? Bin ich dermaßen von der Werbung durchdrungen, dass ich mir diese Stimmen einbilde?

NEIN! Sie sind WIRKLICH da! Ich höre sie ganz deutlich. Allerdings ist es ein Stimmengewirr.

»Nimm mich mit, kauf Creamy Snacks!«, höre ich. Was bitte sind Creamy Snacks? Ja, ich soll Kekse einkaufen, aber sind Creamy Snacks Kekse? Ich schau mich um. Das ist doch Katzenfutter! Was soll ich mit Katzenfutter? Wir haben keine Katze, auch unsere Tante ist ohne Haustier. Wenn die Testesser suchen, dann meinen sie sicher Katzen und nicht mich. Zwar haben einmal meine Schwestern gesagt, als ich aus dem gemeinsamen Haushalt auszog, jetzt könnten sie ein Schwein durchfüttern, aber Katzenfutter habe ich bisher nie gekostet. Den Gang verlasse ich rasch.

»Kaufe mich! Probiere mich aus! Koste mich!« Schon wieder reizt mich ein Angebot. Diesmal ist es sogar wirklich verlockend. Eine ganz spezielle Käsesorte, die der Schärdinand immer stibitzt, versucht sich mir schmackhaft zu machen.

»Sei schneller als der Schärdinand!« – Warum eigentlich nicht. Der Käse steht zwar nicht am Einkaufszettel, aber Käse kennt keine Tageszeit. Den könnte ich wirklich mitnehmen.

Brot, ich brauche Brot! Wo liegt es? Ah, dort bei der Backbox. Ja, die Backbox ist eine neue Errungenschaft im Supermarkt. Laufend gibt es frisch gebackene Ware.

»Du magst doch Nüsse! Probiere doch einmal das Nussbrot hier!«, schon wieder ist es laut in mir.

»Vollkorn! Hol dir das Vollkornbrot! Nein, nimm mich, ich bin aus reinem Roggenmehl! Tu etwas für deine Gesundheit!«

»Ha, Roggenbrot und gesund? – Pass auf und schau auf die Inhaltsstoffe, da ist viel Malz drinnen, ungesunder Geschmackverstärker, damit es dunkel aussieht. Da bist du gesünder dran, wenn du mich, das ehrliche Nussbrot, nimmst!« – Was soll ich denn nun kaufen? Ich werde ganz irre. Ach, ich nehme das Bauernbrot von gestern aus der Schütte. Billiger geht es kaum – und Brot ist Brot. Außerdem schmeckt Frischbrot viel zu gut, das ist eher aufgebraucht. – So hab ich den lauten Stimmen ein Schnippchen geschlagen und trotzdem Brot gekauft.

Milch soll ich noch holen. In diesem Gang wird es ruhiger sein. – Irrtum. Gibt es das wirklich? Was bitte ist eine Heumilch frisch vom Bauern aus der Region?

Einen Liter Milch soll ich kaufen. Welche Milch? Fett? Halbfett? H-Milch? Frischmilch? Heumilch? Aus der Region oder wieder die vom Schärdinand? Nein, die kommt aus Oberösterreich. Die hat einen weiten Weg hinter sich. – Die Stimmen werden wieder lauter. – Lasst mich in Ruhe! Bitte! Ich möchte doch nur mit dem Einkaufswagen durch die Regalstraßen gehen und das mitnehmen, was am Zettel steht.

»Komm und hol mich! Mit mir kannst du reiten und schwimmen!« – Schwimmen kann ich schon, aber geritten bin ich noch nie. Wo ist also diese Wunderware? – Hygieneartikel für die Frau? Tampons? – Wieso kann ich damit reiten? – Lasst mich zufrieden!

Ich flüchte mich zur Kasse, ich weiß, dass noch einiges fehlt, aber ich kann nicht mehr. Es ist zu laut. Bei der Kasse wird hoffentlich Stille sein.

Gefehlt. Hier geht es erst recht zu.

»Probiere mich! Die zarteste Versuchung seit es Schokolade gibt!«

»Die wahrscheinlich längste Praline der Welt«

»Trink ein Kaiser, bist ein Kaiser!«

»Vergiss nicht auf die Gummiringe!«

»Hast du noch Streifhölzer daheim?«

»Frischer Atem – Bonbons gegen Mundgeruch!«

»Sei gerüstet mit Durex! Unvergessliche Erlebnisse, einzigartiger Schutz, mehr Spaß am Sex!«. – Ruhe bitte! Ich schalte meine Ohren auf Durchzug, ich will nur noch zahlen und dann raus aus diesem Einkaufstempel.

»Darf ich Ihnen noch die Werbezeitung für diesen Monat mitgeben? Und am Kassenbon hier ist ein Gutschein für Ihren nächsten Einkauf!«, so verabschiedet sich die Kassierin von mir. Endlich draußen.

»Aktionswochen für Kaltprodukte«, höre ich noch im Wegfahren.

»Ab morgen gibt es alles zum Grillen in unseren Frischeregalen! Kommen Sie bald wieder!«

Einkaufswagen - Testfahrer

Hast du schon einmal darüber nachgedacht, ob ein Einkaufswagen auch einmal ein Service braucht? Gibt es dafür extra ausgebildete Fachleute? Mit extra Werkzeug, mit Zangen, Schraubenschlüsseln, Öl und allem möglichen Spezialwerkzeug? – Warum sollte es das nicht geben?

Als dereinst diese Einkaufswagen in den überall neu gebauten Großmärkten, Einkaufszentren herumstanden, damals noch ohne Münzverschluss, habe ich so manches Mal meinen eben ausgeräumten Wagen dem nächsten Kunden angepriesen:

»Ich habe diesen Wagen gerade getestet, er läuft ruhig, rund, liegt gut in der Hand, lässt sich leicht um Kurven bewegen und nimmt bereitwillig all Ihren Einkauf an. Möchten Sie ihn gleich weiterfahren? Sie müssen nur versprechen, dass Sie ihn nach Ihrer Einkaufstour dem nächsten Kunden ebenfalls weiterempfehlen, dann kann ich Ihnen diesen wunderbaren Wagen hier überlassen!«

Die Reaktionen der Kunden waren unterschiedlich. Manche nahmen den angepriesenen Wagen wortlos, fuhren damit retour zum eigenen Auto und holten von dort das mitgebrachte Leergut, oder sie fuhren damit zum Lift und schüttelten den Kopf. Andere wieder wollten zugreifen, unterließen das aber dann, als sie hörten, sie müssten den Wagen dem nächsten Kunden ähnlich empfehlen. Wieder andere, und ich denke, das waren die Techniker, nickten zustimmend, ließen sich die Vorteile noch einmal erklären und versprachen, den Wagen selber genau zu beobachten und entsprechend weiterzugeben.

Manchmal hatte ich einen Wagen erwischt, bei dem ein Rad klemmte oder der eben unrund lief. Da erklärte ich, der Wagen hätte Charakter, man erkenne ihn am regelmäßigen *Klack, Klack*, aber er erfülle seinen Zweck. Nur bei den Rechtskurven müsse man ein wenig gegensteuern, aber wenn man das wisse, sei es ungefährlich, ihn zur Einkaufstour zu benutzen, ja es sei sogar eine Auszeichnung, gerade mit diesem Wagen durch die Regalstraßen zu fahren und all die Produkte einzuschlichten, die einem zuriefen »Kaufe mich! Du brauchst mich! Dein Kind will mich! Mit mir kannst du deine Frau überraschen!«

Mit der Zeit habe ich mir dann auch ein Abzeichen gebastelt, auf dem *Testfahrer für Einkaufswagen* stand, auch ein Ölkännchen hatte ich damals immer dabei, und natürlich trug ich die blaue Arbeitsmontur. Seither wurden die kopfschüttelnden Nachnutzer der Einkaufswagen weniger. Und wenn jemand den Kopf schüttelte, dann nicht mehr über den schrulligen Einkäufer, der sich als Testfahrer ausgab, sondern über die Bemühungen der Marktleitung, alle möglichen Irritationen ihrer Kundinnen und Kunden im Vorfeld schon auszuräumen.

Der Einkaufswagen

Das Leben ist so ungerecht. Wie lange ich schon wieder in der Schlange stehe. Langsam wird diese kürzer, aber schon ein paar Tage lang war sie nicht so kurz, dass ich endlich wieder an der Reihe bin. Warten! Ich verbringe meine Zeit mit Warten!

Ich habe schon andere Zeiten erlebt. Da war dieser tolle Mann, der ist mit mir durch die gesamte Anlage gefahren. Hat mich nahe an die Regale gebracht, mich aufgefüllt. Manchmal hat er mich losgelassen und genau beobachtet, wie ich die Spur halten habe können, als ich führerlos durch den Raum rollte, dann wieder hat er mich an dem Haltegriff festgehalten.

Er war derjenige, dem das leise Klack, Klack meines linken Vorderrades aufgefallen ist und der dieses Geräusch durch einen Tropfen Öl an die richtige Stelle wieder zum Verstummen brachte. Ganz stolz war ich danach. Ich bin gerollt wie damals, als ich frisch aus der Geburtsklinik gekommen war, wo die Räder montiert worden sind und ich das erste Mal rollen durfte. Genauso zart, genauso leise, genauso gleichmäßig war dieses Rollen nach dem Tropfen Öl.

Als er alle die Pakete aus mir herausgegeben hatte, hat er mich dem nächsten Kunden, – na ja, es war eine Kundin – angepriesen und erzählt, wie wunderbar ich in der Hand liege, wie einfühlsam ich durch die Anlage rolle und wie leise. Da habe ich mich gefühlt, was glaubst du, da wollte ich sofort weiter meine Dienste anbieten.

Aber seither!

Diese Kundin war sehr rasch durch den Laden gefahren, hat

mich nicht so richtig geschätzt, glaube ich, denn sie hat nur eine Packung Müsli und ein paar angeschlagene Äpfel eingekauft, und schon war ich wieder leer. Und dann! Dann hat sie mich in die Schlange zurückgebracht und dort angekettet. Einerseits ist das ja gut, weil ich unter Dach stehe, nicht so leicht gestohlen werde, aber andererseits bin ich seither in Warteposition, weil so viele andere hinter mir stehen. Ich bin fast am inneren Ende der Schlange. Die anderen hinter mir werden andauernd aus der Reihe ausgelöst und je nachdem, wie lange die Kunden sie benutzen, wieder in die Reihe zurückgestellt.

Ich weiß das, und habe das schon einige Male früher erlebt oder beobachtet. Wenn man so weit am inneren Ende steht, wie ich gerade, muss man bis zum Wochenende warten, dann erst geschieht es, dass wieder beinahe alle von uns gebraucht werden. Und wenn ich Glück habe, gehe ich dann von einer Hand in die andere, werde oft gebraucht und kann wieder stolz beweisen, wie gut ich noch auf meinen Rädern bin.

Und jetzt? Warten!

Beim Warten erinnere ich mich an frühere Erlebnisse.

Da war zum Beispiel eine Familie, eine Mutter mit drei Kindern. Ein Mädel lief neben mir her, ein Mädel saß auf mir und ein Baby schlief in der Tragtasche, die auf mir stand. Ich versuchte so leise wir möglich zu rollen, damit das Baby nicht aufwachte, aber das größere Mädel wollte immer auf mich klettern und riss an mir herum. Die Mutter füllte geduldig ihren Einkauf in meinen Korbwagen. Ich hörte, wie in der Nähe der Kasse die kleinen Verführer den Kindern zuriefen:

»Schau doch her und kaufe mich!«, die wollten auch diese

kleinen, bunten Süßigkeiten in den Wagen legen, aber ihre Mutter passte auf und legte alles wieder zurück. »Hol dir frische Möhrchen!«, sagte sie zu ihrer Tochter, »die sind auch süß und dazu noch gesund!«. Natürlich wollte das Mädchen nicht mehr alleine zum Gemüse laufen und blieb trotzig beim Wagen stehen. Nach dem Bezahlen ging es raus zu ihrem Auto. Dort wurden erst die beiden kleineren Kinder im Auto verstaut. Da nahm mich die größere Tochter und schob mich ganz alleine über den Parkplatz bis zum Straßenrand. Dort rutschte ich aus und kippte, sodass alles auf den Boden kullerte. War das eine Aufregung, als ihre Mutter das bemerkte, aber sie war froh, dass ihrer Tochter nichts passiert war. Dass seither mein linkes Vorderrad leicht klackte, das hat dann erst der Testfahrer bemerkt und repariert.

Ein anderes besonderes Erlebnis war, als ein Junge alleine einkaufen war. Er war etwas dunkelhäutiger als die anderen Kinder, und er war alleine. Auf einem Zettel hatte er aufgeschrieben, was er einkaufen sollte. Aber auch der Junge wurde von den Verführern an der Kasse gelockt. Und er nahm die eine oder andere Süßigkeit und legte sie in den Wagen zu Milch und Brot, dann schaute er auf den Preis, dann griff er in seine Hosentasche und holte das Geld hervor. Ganz traurig legte er danach die Süßigkeiten wieder zurück ins Regal. Also, wenn ich gekonnt hätte, hätte ich ihm etwas geschenkt. So sehr tat er mir Leid.

Eine ältere Frau, na ja, sagen wir, eine alte Dame, blieb vor jedem Regal lange stehen, wo sie etwas davon haben wollte und kontrollierte alles. Beim Obst und Gemüse griff sie alle Teile an, ob sie weich genug sind, aber nicht zu weich, legte alles wieder zurück und nahm sich dann doch wieder das erste geprüfte Stück und sagte zu ihrer Begleiterin:

»Man muss genau aufpassen. Die legen immer jene Stücke nach vorne, die sofort verbraucht werden müssen, aber manchmal machen sie es genau umgekehrt. Ich weiß das, ich habe selber früher in so einem Laden gearbeitet!« Diese Frau hatte schon mehrmals meine Dienste in Anspruch genommen. Was sie auch immer kaufte, gegen Ende stand sie jeweils bei den Konditorprodukten und überlegte, was sie davon mitnehmen wollte. Meistens wurde es ein Gugelhupf, denn der würde nicht so schnell verderben.

Einmal war ich so voll, dass ich kaum noch rollen konnte. Ein Mann hatte …

Aber davon erzähle ich ein anderes Mal. Endlich hat das Warten ein Ende, ich bin der nächste in der Reihe. Da kommt auch schon jemand. Heeeee, was soll das? Er geht zur anderen Schlange, so ein Mist. Die nächste kommt schon. Sie schwingt ihren Einkaufskorb und schickt ihren Begleiter zum Wagenholen.

Jetzt, ja jetzt bin ich wieder im Einsatz. Ich hoffe, dass die beiden einen langen Einkauf geplant haben, weil ich so gerne durch die Regale rolle und schauen kann, was seit dem letzten Mal alles wieder verändert ist. Und außerdem möchte ich am Ende des Tages wieder eine bessere Startposition haben wie dieses Mal. Schließlich rolle ich so leise und liege so angenehm in der Hand, hat der Herr gesagt, der mit einem Öltropfen das Klacken meines linken Vorderrades zum Verschweigen gebracht hat.

Also auf geht's!

In der Schütte

Wie lang ich schon da bin, will er wissen? Lang genug, dass ich mich ein wenig auskenne, aber noch lange nicht lang genug, dass ich alles weiß. – Warum will er das wissen? Warum traktiert er mich dauernd mit seinen Fragen? Soll er sich doch gedulden und es doch selber einmal herausfinden, was er alles wissen möchte. So ein neugieriger Neuankömmling. Kaum da, bildet er sich ein, uns, die Alteingesessenen, die letzten von früher beiseite drängen zu können, und mich bombardiert er mit seinen Fragen. Warum gerade mich? Weil ich der kleinste von uns allen bin? Da denkt er wahrscheinlich, mit mir kann er das machen. Aber ich lasse mich nicht aushorchen.

Obwohl – wissen tät ich schon viel. So klein ich auch bin, habe ich schon viel erlebt, viel gesehen, beobachtet. Und ich habe mir alles gemerkt, ja ich kann mich weit zurück erinnern.

Ich weiß noch, wie es damals war in der angenehmen Finsternis, eingebettet in unsere große Mutter und eingebunden an das Gemeinschaftsgefüge. Viele Geschwister waren wir in der liebevollen Umhüllung unserer Mutter. Dort ruhten wir und wurden immer runder und größer. Nur ich habe es nicht zu mehr Ausdehnung geschafft. Wahrscheinlich war ich ein wenig zu weit entfernt vom zentralen Versorgungslager oder es war dieser dicke große Stein, der mich am Wachsen hinderte.

Von der Zentralversorgung wurde der Kraftstoff in uns hinein transportiert. Jeder meiner Geschwister ist so wie ich darauf programmiert, eine neue Zentralversorgung entstehen zu lassen. Dafür sind die Energiereserven gedacht, die wir gespeichert haben. Jedes unserer Augen kann mit diesen Reserven aktiviert werden und Ausgangspunkt eines neuen Zentralgeflechts sein. Kaum hatte ich all das erfahren, wurden wir alle unsanft aus unserer Mutter gerissen. Das angenehme wohltemperierte Dunkel wurde plötzlich aufgerissen. Meine Geschwister und ich lagen auf einmal – abgetrennt vom Gemeinschaftsbewusstsein – nebeneinander im Licht. Wir wurden gesammelt und weggebracht, dabei wurden wir aneinander gerieben, sodass wir auch die letzten Reste unserer Mutter, die immer noch an uns klebten, abfielen. Das war noch nicht genug, wir wurden geduscht, wieder getrocknet und danach aneinander dicht an dicht zusammengepfercht.

Was ich noch immer nicht weiß, was sind 30 Kilo? Ich habe die riesigen Zweibeiner darüber reden gehört. Diese Zweibeiner sind unsere Götter. Jedenfalls glauben sie das, so gehen sie mit uns um. Meine 30 Kilo wurden in einen angenehm kühlen Raum gebracht und in eine Schütte gelehrt. Da bin ich jetzt.

In diesem Raum ist es nicht unangenehm, aber es wechselt die angenehme Dunkelheit mit der grellen Helligkeit ab. Einmal angenehm finster, dann ein leichter Übergang, und dann gleich wieder fürchterlich Licht. Es dauert dann nie lange, kommen solche Zweibeiner, greifen in unsere Schütte, holen sich Geschwister von mir, pferchen sie in einen Behälter und tragen sie weg. Was machen die damit? – Eigentlich sind es gar nicht mehr meine Geschwister, die habe ich bald nach dem Aufreißen der Mutter verloren, aber sie sind ähnlich, und ich kann mich mit ihnen unterhalten. Schade dass kaum jemand länger bleibt, sodass wir uns anfreunden können.

Aber ich habe sicher nie jemand so genervt, wie der Neue hier, der alles von mir wissen möchte. Ich bleibe stumm, soll er selber draufkommen.

Ja, die Zweibeiner holen sich immer wieder meine Geschwister oder sagen wir, meine Verwandten, und tragen sie weg. Ich möchte auch schön langsam weg, hier kenne ich doch schon alles. Neulich habe ich sogar schon mit den Nachbarn, den weißen und orangen Wurzeln zu reden begonnen. Die Zweibeiner sagen Möhren zu den orangen und zu uns Knollen sagen sie Kartoffeln. Was machen sie mit uns, wenn sie uns wegtragen? Die Möhren wissen es auch nicht, aber vielleicht ist niemand lange genug hier. Und, jetzt fällt es mir auf, noch niemals ist einer von uns zurückgekommen.

Ich wälze mich in der Schütte die letzten Tage immer nach vorne, damit auch ich endlich weggetragen werde, es kann doch nicht schlimmer werden. Dieses ewige Wechseln von Dunkelheit und Licht tut mir nicht gut. Ich merke, wie in den Dunkelphasen meine Augen aufgehen wollen. Ich muss mich beherrschen, dass ich meinen Kraftstoff nicht vergeude. Irgendwie weiß ich, dass ich dazu wieder in der Mutter sein muss, bevor ich es zulassen darf.

Also, weiter nach vorne.

Jedes Mal, wenn ich so einen Zweibeiner näherkommen sehe, dann seine Greifwerkzeuge fühle, werde ich wieder nach hinten gerollt. Das ist unfair, ich will auch weg von da. Nehmt mich mit! Bitte nimm mich mit! Ich will fort von hier!

Umsonst. Wieder bin ich am Anfang. Aber etwas ist anders jetzt. Ich merke, dass ich an einen Verwandten gestoßen bin, der sich nicht mehr beherrschen konnte. So sieht das aus, wenn die Augen aufgehen? Das ist ekelig. In der Mutter war das ein angenehmes Gefühl, aber hier? Hier richt es tatsächlich nach Tod. Wähhhhh. Und ich daneben! Haut an Haut! Er umarmt mich mit seinen offenen Augen, hält mich fest.

»Was soll das? Lass mich los!« – Ich komm nicht mehr weg, ich bin zu schwach und zu klein.

Da nähert sich wieder ein Zweibein. Ich bewege mich so gut ich kann. Ich möchte weg von dem unangenehmen Geruch, weg von meinem Verwandten, der im Sterben liegt. Nein, ich bin noch zu jung zum Sterben! Das Zweibein entdeckt uns, wie wir zusammengekuschelt in der Ecke liegen. Wir werden beide hochgehoben und in einen Behälter gesteckt, in dem schon vergammelte andere Knollen liegen. Es muffelt gehörig. Ich fühle mich unwohl. Nie werde ich nun erfahren, was mit meinen Geschwistern und Verwandten passiert, wenn sie ausgewählt wurden und weggebracht. Ich soll zum Komposthaufen, das hat jedenfalls das große Zweibein zu einem anderen gesagt.

Ich habe doch alle meine Energie gespeichert, ich bin noch gesund, auch wenn ich so klein bin. Ich möchte ein neues Zentralbewusstsein bilden. Bitte bringt mich zur Mutter, damit ich das erreichen kann. Nein, ich will es gar nicht mehr wissen, was mit meinen Geschwistern geschehen ist, will nicht mehr wissen, was die Zweibeiner mit uns vorhaben, wenn sie uns mitnehmen, ich will zur Mutter. Dorthin, wo es dunkel und angenehm ist, dorthin, wo ich all meine Energiereserven in die Augen schicken kann als Grundlage für eine neue Zentrale. Vielleicht habe ich Glück, vielleicht ist Kompost nicht so schlecht.

Wenn ich doch nur der unangenehmen Umarmung entfliehen könnte. Er stinkt.

Ich bin Allergiker

Dass ich Allergien habe, weiß ich schon lange. Vom Heuschnupfen zum allergischen Asthma war dies schon in jungen Jahren festgestellt. Alles Mögliche kam im Laufe der Jahre hinzu, je nachdem mich etwas plagte, wurden Allergien festgestellt. Ob es die Haustaubmilbe war, ob es Hunde- oder Katzenhaare waren, die Ärzte stellten immer wieder Neues fest. Auch Grundstoffe für Salben, gewisse Schmerzmittel, die injiziert werden, oder Kontrastmittel bei wichtigen Röntgenuntersuchungen lösen bei mir allergische Reaktionen aus. So habe ich immer meinen Allergiepass dabei, damit mir keine Stoffe verabreicht werden, auf die mein Körper mit Allergiesymptomen abwehrend reagiert.

Nun habe ich feststellen müssen, dass ich zu einer weiteren großen Gruppe von Allergikern gehöre. Ich bin auch gegen Alkohol allergisch.

Sobald ich nur einen Schluck davon getrunken habe, merke ich sehr bewusst, wie sich dieser Schluck im Körper breit macht und auf meinen Körper wirkt. Mir wird warm und wärmer, je mehr ich davon trinke.

Mit steigendem Konsum bekomme ich Wahrnehmungsstörungen, und ich werde rücksichtsloser anderen Menschen gegenüber, falle ihnen ins Wort, höre nicht mehr richtig zu, habe dafür selber immer Recht und möchte dieses Rechthaben auch allen Leuten rund um mich kund tun.

Danach wird meine Zunge schwerer, ich bekomme manche

Worte nicht mehr richtig heraus, so kann meine Umgebung nur noch Wortteile hören, die manchmal in einer Art weinerlichen Stimme aus mir herausdringen.

Manchmal werde ich anlehnungsbedürftig und das nicht nur deshalb, weil meine Standfestigkeit abnimmt, sondern weil ich Liebe brauche. Liebe und Zuwendung. Und das alles möchte ich mir von wem auch immer holen.

Bei steigendem Konsum kann es auch passieren, dass ich mich dermaßen daneben benehme, - und glaubt mir, das ist wirklich unabsichtlich – dass es echt peinlich wird, wenn ich davon am nächsten Tag erzählt bekomme.

Meine Gesichtsfarbe nimmt dann einen deutlichen Rotton an, ich schwitze merkbar und es kann auch dazu kommen, dass mir das Essen und Trinken wieder durch den Kopf geht und auf umgekehrten Weg aus dem Gesicht fällt.

Dabei habe ich noch Glück, denn bei Beobachtungen von anderen Alkoholallergikern habe ich noch ärgere Auswüchse dieser Allergie erkannt. Da gibt es jene, die heftig mit anderen Menschen zu streiten beginnen, ja sich sogar prügeln, oder jene, die dermaßen mitteilungsbedürftig werden, dass niemand anderer in der Umgebung mehr etwas sagen kann. Und dann sind da noch die weinenden Typen, die allen erzählen, wie ungerecht das Leben (oder wer auch immer) mit ihnen umgesprungen ist und jene Allergiker, die ihre ganze Umgebung beschimpfen, als ob sie an Touret erkrankt wären.

Besonders heimtückisch ist diese Allergie bei all jenen, die von ihrem Spiegel kaum herunterkommen und am Morgen schon dafür sorgen, dass sie im gewohnten Pegel sind. Sie sind wirklich arm, vergessen oft die Realität und leben in ihrer Fantasiewelt, die sie sich durch diesen Alkoholkonsum erschaffen haben.

Da bin ich froh, dass ich als Allergiker auch diese Alkoholallergie rechtzeitig erkannt habe und vorbeugend etwas dagegen tun kann.

Wer glaubt, dass ich kein Mann bin, weil ich nicht trinke, der irrt gewaltig, und wer denkt, dass man nur mit Alkohol lustig sein kann, der ist wirklich behindert.

Auch meine Frau hat dieselbe Allergie wie ich. Und obwohl wir beide deshalb den Alkohol meiden, führen wir ein ausgeglichenes Leben voll Humor und Lachen, sind einander Mann und Frau, lieben einander und freuen uns über unser gemeinsames Leben.

Wie sehr bemitleiden wir die Masse der anderen Alkoholallergikern, die sich ihrer Allergie nicht stellen, sondern ihr Macht über das eigene Leben geben, damit sie auch *dazugehören*.

Wer Wind sät, wird Sturm ernten!

Davor habe ich Angst.

Rund um mich herrschen in der Welt Drohungen, Angst und Schrecken. Überall geht es den Menschen zu gut. Politiker verwenden eine Sprache des Hasses, der Bedrohung, des Wettstreits, des Krieges. Die Wortwahl des Friedens, der Versöhnung, des Miteinanders, des Kompromisses scheint in Vergessenheit geraten zu sein.

Wohin geht unsere Welt, wohin steuern jene Menschen, die an der Macht sind, die das Sagen haben? Wohin steuern sie uns?

Lassen wir uns das gefallen?

Müssen wir uns das gefallen lassen?

Haben wir eine Möglichkeit, uns dagegen zu wehren?

Können wir aus diesem Kreislauf ausbrechen?

Wenn ja, wie?

Wenn schon die Kinder in ihren Spielen lernen, einander weh zu tun, wenn ihre Tötungsschwelle digital derart niedrig gehalten wird, wie soll man sich darüber wundern, wenn sie einander im realen Leben ebenfalls verletzen. Mit Worten, mit Taten?

Warum können wir mit dem, was wir haben nicht zufrieden sein, warum müssen wir immer weiter nach mehr streben? Nach mehr Besitz, nach mehr Erfolg, nach mehr Glück?

Und warum dürfen wir nicht das, was wir haben teilen? Ah ja, die anderen sollen teilen, ich gebe nichts her. Hab mich doch so sehr angestrengt.

Schon früher war es so, dass gerade jene Menschen, die kaum etwas hatten, die gelernt hatten, mit wenig Besitz zu überleben, dass also genau diese Menschen bereit waren, von dem wenigen, dass sie hatten, zu geben. Bereit waren, Menschen, denen es schlechter ging wie ihnen, entgegen zu kommen, ihnen zu helfen.

Ja, ich frage, warum dürfen wir nicht teilen. Denn das erlaubt die Gesellschaft nicht, das erlauben die hohen Herren in der Politik nicht, das erlauben unsere Nachbarn nicht. So viele haben Angst vor dem Neuen. Angst vor dem Fremden.

Könnten wir unsere Ansichten unter das Prinzip der *Liebe* stellen, wäre alles sehr viel einfacher. Denn die Liebe versteht, sie verzeiht, sie hilft. Sie ist einfach da und macht, dass wir in einer relativ sicheren Umgebung glücklich sein könnten, wenn nicht Neid, Geiz und Gier das Glück zum Unglück wenden.

Die Sprache unserer Zeit mit all den negativen Worten fällt als Samen nieder. Ich wünsche mir so sehr, dass weder ich noch meine Kinder die Ernte dafür einfahren müssen, den Sturm ertragen müssen. Vielleicht haben wir noch eine Chance, wenn wir eine Minute vor Zwölf dazu beitragen, dass in unserem Sprachgebrauch die Liebe wieder einkehren kann und so der Sturm gemildert oder gar abgewendet werden kann.

Geben wir also der Liebe wieder Platz zum Leben!

Impressum

Autor: Wilhelm Maria Lipp
Cover: Wilhelm Maria Lipp nach einer Idee von Wine van Velzen
Zeichnung am Cover: Margit Funk
Foto des Autors: Hans Eder

Layout: Wilhelm Maria Lipp

Druck: WIRmachenDruck GmbH,
71522 Backnang Deutschland

April 2023
www.LL-Verlag.at
ISBN: 9783902928245

Kontakt und Bestellungen:

office@LL-Verlag.at *bzw.* LundLverlag@gmail.com
Im Buchhandel oder im online-Shop des Verlags

ISBN 978-3-902928-24-5
9 783902 928245 >

L & L Verlag